ライブラリ　心の世界を学ぶ－7

はじめてふれる
産業・組織心理学

榎本博明＝著

サイエンス社

はじめてまなぶ
産業・組織心理学

鈴木竜太 著

サイエンス社

はじめに

　1910 年代が産業・組織心理学の草創期とみなされますが，日本でも 1910 年代の半ばには産業・組織心理学的研究が始まりました。ゆえに，産業界で心理学が応用されるようになってすでに 100 年が経過したことになりますが，産業・組織心理学は未だに色褪せることなく発展を続けています。物質的に豊かな生活が実現し，人々が心の豊かさを求める時代となり，心理学は産業界においてますます重視されるようになりつつあります。21 世紀になって心理学者カーネマンがノーベル経済学賞に輝いたことも，それを象徴する出来事といえます。

　本書は，『はじめてふれる産業・組織心理学』というタイトルからもわかるように，心理学をはじめて学ぶ人が読者になることを想定し，産業・組織心理学の基本事項を平易に解説した入門書です。そのため，産業・組織心理学の歴史を簡単に展望するとともに，各個別領域の基本的な知見をわかりやすく解説しています。さらには，各領域の最新の知見についても，初学者にも理解しやすいように解き明かしています。

　第 1 章では，産業・組織心理学の始まりとその展開をたどっています。これを読むことで，産業界において産業・組織心理学がなぜ必要とされてきたかがわかるはずです。

　産業・組織心理学の重要なテーマとして，どうしたら従業員のモチベーションを高められるかといった問題があります。これについては，第 2 章から第 4 章の 3 つの章において，モチベーションの心理メカニズムからモチベーションの高め方まで，基本的な理論を踏まえつつ，具体的な方法を紹介しています。

　社会や産業構造の変化に伴い，社会に根づくのが困難な若者が増えてきたことにより，キャリア形成の問題も，産業・組織心理学の重要なテーマとなっています。それについては，第 5 章から第 7 章の 3 つの章において，現代の若者のキャリア形成の基本的問題や適性のとらえ方を踏まえた上で，目まぐるしい技術革新がもたらす不確実性の時代におけるキャリア形成のあり方について，

最新のキャリア理論を用いて，実践的な解説をしています。

　ビジネスの場ではコミュニケーション力が強く求められますが，第8章では交渉力や説得的コミュニケーションについて，基本的理論から最新の理論までを用いて具体的に解説しています。

　モノが欠乏していた時代のように良いモノを作れば売れるということではないため，消費者の心理を知り，それに対応した商品開発や販売戦略を立てることが重要になっています。そこで，第9章および第10章では，マーケティング心理学と広告心理学の基本的な知見から最新の知見まで，実践に役立つように具体的に解説しています。

　組織の不祥事が明るみに出ることがありますが，組織運営も産業・組織心理学の重要なテーマです。第11章および第12章では，リーダーシップに代表される組織のコミュニケーションや組織の意思決定の問題を取り上げ，最新の知見に基づいて，望ましい組織運営のためのヒントを提示しています。

　過重労働や職務上の人間関係のストレスによるメンタルヘルスの問題も深刻化していますが，第13章では，基本的なストレス理論に基づき，最新の知見も加えて，ストレスを緩和してメンタルヘルスを保つためのヒントを提示しています。

　本書では，現代のビジネスでは欠かせない産業・組織心理学のエッセンスを初学者にもわかりやすいように平易に解説したので，授業のテキストとして読む場合だけでなく，独学で学ぶ場合も，気軽に読み進められるようになっています。

　最後に，本書をまとめるに当たってお世話になったサイエンス社の清水匡太氏に心から感謝の意を表します。そして，本書が多くの人の役に立つことを願っています。

　2019 年 1 月

榎 本 博 明

目　　次

はじめに……………………………………………………………………………… i

第1章　産業・組織心理学の始まりと展開　　1

1.1　産業・組織心理学の誕生 ……………………………………… 2

1.2　科学的管理法から心理的要因の重視へ ……………………… 4

1.3　X理論・Y理論と内発的動機づけの発見 …………………… 6

1.4　内発的動機の発見 ……………………………………………… 8

1.5　欲求の階層説 …………………………………………………… 10

1.6　動機づけ―衛生理論と職務満足感 …………………………… 14

第2章　モチベーションと職務満足　　19

2.1　モチベーションのとらえ方 …………………………………… 20

2.2　外発的動機づけと内発的動機づけ …………………………… 24

2.3　内発的動機づけを高める職務特性 …………………………… 28

2.4　自己決定理論 …………………………………………………… 32

第3章　認知とモチベーション　　37

3.1　状況認知とモチベーション …………………………………… 38

3.2　楽観主義・悲観主義にもタイプがある ……………………… 42

3.3　原因帰属とモチベーション …………………………………… 44

3.4　自己効力感 ……………………………………………………… 50

第4章　目標や関係性とモチベーション　　55

4.1　目標設定の効用と問題点 ……………………………………… 56

4.2　学習目標と業績目標 …………………………………………… 60

4.3　人事評価で用いられる次元 …………………………………… 62

4.4 期待することの効果 ……………………………………64

4.5 モチベーションを左右する関係性 ……………………68

第5章 若者のキャリア形成の問題とキャリア教育 73

5.1 キャリア教育が必要とされる背景 ……………………74

5.2 キャリア教育の歴史と動向 ……………………………78

5.3 現行のキャリア教育の弊害 ……………………………84

5.4 内発的動機づけの悪用による搾取の問題 ……………86

第6章 適性とキャリア形成 93

6.1 性格のとらえ方 …………………………………………94

6.2 対人関係にあらわれる性格 ……………………………98

6.3 職 業 適 性 ………………………………………………100

6.4 職 業 興 味 ………………………………………………102

6.5 職 業 価 値 ………………………………………………104

6.6 キャリア・アンカー ……………………………………106

第7章 現代のキャリア理論 109

7.1 アイデンティティとモラトリアム心理 ………………110

7.2 職業キャリアと人生キャリア …………………………114

7.3 不確実性の時代のキャリア理論 ………………………116

第8章 交渉力と説得的コミュニケーション 125

8.1 交渉を合意にもっていくための「枠組み」……………126

8.2 双方の利益の最大化という視点 ………………………128

8.3 システマティック処理とヒューリスティック処理 ……130

8.4 中心ルートと周辺ルート ………………………………132

8.5 説得的コミュニケーション ……………………………134

目　次　　　　　v

第9章　消費者行動とマーケティング　145

9.1　消費者行動を規定する心理的要因 ……………………… 146

9.2　消費者の購買意思決定モデル …………………………… 148

9.3　損失回避と現在志向バイアス …………………………… 152

9.4　心理的財布と心的会計 …………………………………… 154

9.5　セグメンテーション（細分化）………………………… 158

9.6　ポジショニング（位置取り）…………………………… 160

第10章　広告の心理　163

10.1　イノベーション理論とオピニオンリーダー ………… 164

10.2　広告の話題性効果，希少性効果，計画的陳腐化……… 168

10.3　AIDMA モデルと態度変化戦略 ……………………… 172

10.4　広告の効果要因………………………………………… 174

10.5　広告目標の明確化……………………………………… 176

第11章　リーダーシップと組織のコミュニケーション　179

11.1　リーダーシップとは…………………………………… 180

11.2　ＰＭ理論………………………………………………… 182

11.3　社会的勢力……………………………………………… 182

11.4　集団成熟度とリーダーシップ………………………… 184

11.5　変革型リーダーシップ………………………………… 186

11.6　コミュニケーション・ネットワーク………………… 190

第12章　組織風土と組織の意思決定　193

12.1　組織風土と属人思考…………………………………… 194

12.2　同調行動………………………………………………… 198

12.3　リスキーシフト………………………………………… 204

12.4　参加的意思決定の効果………………………………… 206

12.5　隠れたプロファイル現象……………………………… 208

第13章　ストレスとメンタルヘルス　211

13.1　基本的なストレス理論の枠組み……………………………… 212

13.2　仕事生活や私生活におけるストレッサー…………………… 216

13.3　認知的評価………………………………………………………… 222

13.4　ソーシャルサポート…………………………………………… 222

13.5　コーピング（対処）…………………………………………… 226

13.6　レジリエンスを高める………………………………………… 228

引用文献…………………………………………………………………… 233

人名索引…………………………………………………………………… 251

事項索引…………………………………………………………………… 255

産業・組織心理学の
始まりと展開

1.1 産業・組織心理学の誕生

1.1.1 産業・組織心理学の始まり

19世紀後半に誕生したばかりの実験心理学が産業界に応用され始めたのは20世紀の初頭です。ミュンスターベルクは，実験心理学の手法を経済生活や産業能率に応用することを試み，市電運転士や電話交換手といった労働者の心理学的研究を行いました。そして，『心理学と経済生活』（1912年）と『心理学と産業能率』（1913年）を20世紀初旬に刊行しています。**産業・組織心理学**の創始者とされるミュンスターベルクは，これらの著書において，適性，訓練，能率，疲労といった労働者の心理的問題や，広告・販促といった営業に関する心理的問題を扱っています（**コラム1-1**）。

なお，当時の産業界では労働者の能率改善による生産性の向上が最重要課題でしたが，消費者心理の研究の萌芽もみられ，スコットが『広告の理論』（1903年）や『広告の心理学』（1908年）を著し，各種広告の心理効果について論じています。

1.1.2 科学的管理法

ミュンスターベルクと並んで，産業・組織心理学の創始者とされる，もう一人の人物が，『科学的管理法の原理』（1911年）を著したテイラーです。産業・組織心理学にとって，とくに重要なのは生産性を上げることであり，そのためには従業員のモチベーションを高めることが課題となります。そのような意味でのモチベーション・マネジメントは，鉄鋼会社の技師だったテイラーの科学的管理法に始まるとみることができます。20世紀初頭のアメリカは，大量生産による値引き合戦が盛んになった時代で，会社側は値引きによる利益の減少を経費削減によって相殺せざるを得ず，賃金を減らすことで乗り切ろうとしました。そうなると，従業員側としては，必死に働いて増産しても賃金が減るということが起こるわけで，当然モチベーションが下がります。そこで，手抜きが横行することになりました。

そうした現状を踏まえて，テイラーは機械工学の考え方をマネジメントに応

コラム1-1　産業・組織心理学草創期の日本での展開

　1910年代が産業・組織心理学の草創期とみなされますが，テイラーの『科学的管理法の原理』が1913年に，ミュンスターベルクの『心理学と産業能率』が1915年に翻訳されるなど，産業・組織心理学的研究はすぐに日本にも取り入れられ，早くも1910年代半ばには生産性向上のための研究が始まりました。

　後にテイラーの著書の翻訳者となる心理学者上野陽一により，作業能率の改善や広告効果の研究など，産業・組織心理学的研究が進められ，1922年には産業能率研究所が設立され，1925年に日本産業能率研究所に引き継がれました（斎藤，1983）。

　1921年には倉敷紡績社長の大原孫三郎により倉敷労働科学研究所が設立され，産業・組織心理学的研究が推進されました。

　このような流れの中で，テイラーの科学的管理法の検討や労働者に関する産業・組織心理学的研究が行われるとともに，工場での作業能率の改善など実地への応用が盛んに試みられるようになり，つぎつぎに成果をあげていきました。

用することを考え，「科学的管理法」を提唱しました。それは，会社側が賃金や仕事量を勝手に決めるのではなく，熟練者の仕事量を調査し，それをもとに1日あたりの標準的な仕事量を算出し，それを基準に賃金を決定するというものでした。標準作業量を上回る者は平均以上の賃金がもらえますが，標準作業量を下回る者は平均以下の賃金しかもらえません。モチベーションを高める要因として金銭報酬を重視し，出来高制を取り入れるなど賃金によってモチベーションを高め，作業効率を高めようとするものでした。こうした科学的管理法は多くの企業で採用され，産業界に急速に広がっていきました。

1.2 科学的管理法から心理的要因の重視へ

　その後，油を差せば機械がスムーズに動くといったイメージで従業員を機械の部品のようにとらえる科学的管理法は，批判にさらされることになります。そのきっかけとなったのは，科学的管理法の実証のためにウェスタン・エレクトリック社のホーソーン工場で行われた現場実験でした（コラム 1-2）。物理的環境要因が作業効率に与える影響を検討したメイヨー（1933）は，予想外の結果を見出すことになりました。物理的環境条件をいろいろ変えてみても作業効率にさしたる違いはみられなかったのです。そして，そのような物理的要因よりも従業員の心理的要因の方が作業効率に大きな影響を及ぼすことがわかりました。つまり，人間的な対応や，従業員同士の仲間意識などによって，作業効率が向上していったのです。

　これがきっかけとなって，従業員を機械の部品のようにとらえる科学的管理法の欠点が認識され，もっと人間性を重視すべきという風潮が強まりました。モチベーション・マネジメントに必須の要因としても，人間関係など情緒的要因が重視されるようになりました。こうして管理者と従業員あるいは従業員同士の人間関係や，職務満足感など従業員の心理面に焦点が当てられるようになったのです。

コラム1-2 ウェスタン・エレクトリック社ホーソン工場の実験の報告書より

『作業者たち自身は，実験作業室ではどうしてこうも生産を高くあげることができるのかをはっきり知っていない。だが高度の生産量は，なにかいっそう楽しい自由な幸福な労働条件に関係があるように感じた。』

さらに本報告書は，『最下級の従業員たちにもいっそう深く人間的考慮を払えば，生産上得るところきわめて大なるものがある。』とのべている。

1929年11月15日，ニューヨークにおける人事研究連盟の会議で演説された報告のなかで，G・A・ペンノックは次のようにのべている。

『……実験期間を通じて，すなわち，女子労働者たちが休憩も軽食もとらず実働週48時間働いた第12期においてさえも，生産性が予期しないほどの継続的な上昇傾向を示したことについては，私はその理由を探求してこれを分析する必要を感じる。』

彼はつづいて3つの可能性についてのべている。第1は疲労であるが，それは医学上の証拠と諸種の生理学的所見にもとづき，さらにまた『2年以上にわたって生産がしだいに上昇していった』という明白な理由からも，容易に除外して考えることができるとのべている。高率の団体収入という給与の刺激は，いくらか影響するところがあったかもしれないが，おもな原因となったものは，主として心的態度の変化であったと彼は確信している。

（メイヨー，E. 村本栄一（訳）『新訳 産業文明における人間問題』日本能率協会）

1.3 X理論・Y理論と内発的動機づけの発見

1.3.1 X理論——アメとムチによるマネジメント

　20世紀半ばにおいては，多くの企業のモチベーション・マネジメントはアメとムチによるものでした。このようなマネジメントのことをマグレガー（1960）はX理論と呼びました。X理論には，表1-1のような視点が含まれています。

　X理論では，もともと人間は怠け者で，強制的に駆り立てられないとちゃんと働かないとみなします。ゆえに，しっかり管理し，命令して働かせることになります。ただし，人間には自律や責任を求める気持ちもあります。管理され，命令されるだけではモチベーションが上がらず，自分の裁量権を与えられ，任されることでモチベーションが上がるということがあります。それについて，マグレガーはつぎのように指摘します。

　「『アメとムチ』で従業員にやる気を起こそうとする理論はX理論につきものであるが，かなりうまくいく場合もある。生理的欲求と安全に対する欲求（全部とはゆかないが）を満たす『手段は』経営者が加減しうるものである。雇用関係それ自体がいわばこの手段なのであり，賃金・作業環境・福利厚生も同様である。生きていくためにアクセクしてるときなら，このやり方で人を使うこともできる。パンがあまりないときは人はパンだけのために一生けんめいになるものだから。

　しかし『アメとムチ』の理論は，一応の生活水準に達し，生理的欲求，安全に対する欲求より高い次元の欲求がやる気を起こす原動力となったときには全くきき目がなくなってしまう。『アメとムチ』では経営者は自尊心をうえつけてやることも，同僚から尊敬の念を得るようにしてやることも，自己実現の欲求を満足させてやることもできないのである。」

（マグレガー，D.　高橋達男（訳）『新版　企業の人間的側面』産能大学出版部）

　これは，まさにマズローの欲求の階層説に基づく見解といえます。

表 1-1 **X理論に含まれる視点**（マグレガー，1960より）

1. **ふつうの人間は生来仕事が嫌いで，できることなら仕事はしたくないと思っている。**

経営者が生産性を強調し1日の適正労働量という考えを持ち出すのも，業績を上げたら報償すると強調するのも，経営者はみな心の底では，人間は生まれながらにして仕事が嫌いであると信じ，またそうした性向に抗わねばならないと信じているからである。

2. **仕事が嫌いという人間の特性ゆえに，たいていの人間は，強制されたり，統制されたり，命令されたり，処罰すると脅されたりしなければ，企業目標を達成するために十分な力を発揮しないものである。**

仕事が嫌いという特性は非常に強いため，報酬を与えるといってもなかなかこの特性に打ち克てない。だんだん高い報酬を要求するようになり，そのうち報酬だけでは効果がなくなってしまう。そこで罰によって脅しをかけることが必要になる。

3. **ふつうの人間は，命令される方が好きで，責任を回避したがり，あまり野心ももたず，何よりもまず安全を望むものである。**

大衆は凡庸であるという考えは，あまりはっきりと口にされることはないが，大多数の経営者は密かにそのような考えを支持し，組織の方針にもそうした考え方が反映されている。

1.3.2　X 理論から Y 理論へ

　生理的欲求や安全の欲求が適度に満たされ，それらがモチベーションの原動力にならなくなり，X 理論では従業員を動かすことができなくなった時代において有力視されるようになったのが，マグレガーが **Y 理論** と名づけた考え方です。Y 理論には**表 1-2** のような視点が含まれています。

　Y 理論は，人間が成長し発展する可能性があり，マネジメントには唯一絶対の形はなく，その場その場に応じたやり方を取る必要があることを強調します。経営者が従業員の能力をうまく活用できないのは，従業員の人間性の問題ではなく，その能力を引き出す手腕が経営者にないからであるとします。その後重要視されるようになってきた目標管理や職務充実なども，マグレガーのいう Y 理論の発想に基づくものといえます。

　ただし，Y 理論が万能というわけではなく，場合によっては X 理論に基づくモチベーション・マネジメントが必要となることがあります。マグレガー自身もそうした問題に気づいていましたが，X 理論と Y 理論を統合する Z 理論がオオウチにより提唱されました。オオウチは，日本企業とアメリカ企業の比較検討を行い，日本的経営は X 理論と Y 理論の長所を併せもつとみなしました。

1.4　内発的動機の発見

　X 理論の問題点は，人間はアメとムチによってしか動かないとみるところにありました。そこで見逃されていたのが**内発的動機づけ**です。

　マレー（1964）は，探索行動や遊びのように，何ら報酬なしに，活動それ自体のために取られる行動に着目し，外発的動機と内発的動機を区別する必要があるとしました。マレーは，報酬を得るために行動する**外発的動機**の他に，感性，好奇，活動，操作，認知などの新たな動機の証拠をあげ，このような動機を**内発的動機**と呼ぶことにしようと提案しました。そこでは，活動そのものが目的となり，いわば内的な報酬となっているのです。

　感性動機とは，環境的な刺激を求めることであり，その存在を示す証拠として，感覚遮断実験があげられます（**図 1-1**）。これは，暗い防音の部屋でひた

表 1-2　Y 理論に含まれる視点（マグレガー，1960 より）

1. 仕事で心身を使うのはごく当たり前のことであり，遊びや休憩の場合と変わりはない。

ふつうの人間は，生来仕事が嫌いということはない。条件次第で仕事は満足感の源泉にもなり，逆に懲罰の源泉とも受け取られる。

2. 外から統制したり脅したりすることだけが企業目標達成のために努力させる手段ではなく，人は自分から進んで身を委ねた目標のためには自ら自分にムチ打って働くものである。

3. 献身的に目標達成に尽くすかどうかは，それを達成することで得られる報酬しだいである。

報酬として最も重要なものは，承認と自尊の欲求や自己実現の欲求の満足であるが，企業目標に向かって努力することでこの最も重要な報酬にありつけることになり得るのである。

4. ふつうの人間は，条件次第では責任を引き受けるばかりか，自ら進んで責任を取ろうとする。

責任回避，野心のなさ，安全第一というのは，たいていは体験に基づいてそうなるのであって，人間本来の性質ではない。

5. 企業内の問題を解決しようと比較的高度の想像力を駆使し，手練をつくし，創意工夫をこらす能力は，たいていの人に備わっているものであり，一部の人だけのものではない。

6. 現代の企業においては，通常従業員の知的能力はほんの一部しか生かされていない。

すら寝るだけで報酬がもらえるという実験ですが，実験に参加した人はあまりの刺激の乏しさに耐えられなくなりました。

好奇動機とは，新奇なものに好奇心をそそられることであり，サルの好奇心に基づく行動を証明したバトラーの実験が知られています。その実験では，サルは薄暗い箱の中に入れられ，壁には黄色と青色の窓があり，青色の窓を押すと，窓が開いて30秒間外（実験室内）の様子を眺めることができました。するとサルは，すぐに青色の窓を好んで押すようになりました。何ら外的な報酬はないのに，サルは好奇心を満たすという報酬のためにこの反応を学習したばかりでなく，飽きずに窓の外を眺めて過ごしました（図1-2）。

活動性動機とは，ただ活動することを求めることを指しますが，赤ん坊がひたすら何かをつかんだり引っ張ったりを飽きずに繰り返したり，歩き始めの子どもが何度転んでも立ち上がって歩こうとしたりするのも，内的に動機づけられた行動であり，活動そのものが報酬となっているとしか思えません。

操作動機とは，何らかの操作に好んで没頭することを指しますが，ハーロウはパズルを用いてサルの操作動機を証明する実験を行っています。パズルが置いてある檻に入れられたサルは，何も外的報酬がなくても，パズルに根気よく取り組みました（図1-3参照）。これは操作動機の存在を証明したものといえますが，どうやったら解けるのかを理解したいという欲求に基づく行動と考えると，認知動機によるものとみることもできます。

1.5 欲求の階層説

禁欲主義のように欲求は抑えるべきとする考え方もありますが，マズロー（1954）は欲求は満たすべきものと考えます。生きるために必要な基本的欲求があり，それが満たされないとき，人間はその獲得へと駆り立てられるとします。

マズローは，基本的欲求として，生理的欲求，安全の欲求，愛と所属の欲求，承認と自尊の欲求の4つをあげ，それらの間に階層構造を想定しています（図1-4）。下層に位置づけられる欲求ほど低次元の欲求であると同時に，まず優

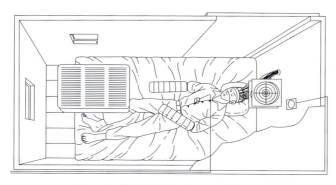

図 1-1　感覚遮断実験（Heron, 1957）

図 1-2　好奇動機により窓の外を眺めて過ごすサル

実験室内に何も置いていないときより，オモチャの汽車が走っているときの方が，窓を開ける回数が多かった。

図 1-3　操作動機によりパズルを解く

私たちが，解けたらお金がもらえるというようなことがなくてもパズル解きを楽しむのも，内的に動機づけられた行動といえます。

先的に満たすべき基本的な欲求ということになります。下層の欲求がある程度満たされると，それより上層の欲求に動かされるようになります。

最下層に位置づけられているのが生理的欲求です。**生理的欲求**は，他のどのような欲求よりも優先すべき動機になるとマズローはいいます。実際，飢えに苦しむ人にとっては，生存のために空腹を満たすことが何よりも切実な問題であり，窮極の状況では盗んででも食べる，人を騙してでも糧を得るための金を手に入れるというようなことも起こってきます。

生理的欲求がある程度満たされると，**安全の欲求**に動機づけられるようになります。見慣れないもの，未知なものごとに対して尻込みし，身構えるのも，安全の欲求のあらわれとみることができます。貯蓄をしたり，保険をかけたりするのも，安全の欲求によって動機づけられた行動といえます。

安全の欲求がある程度満たされると，**愛と所属の欲求**に動機づけられるようになります。マズローは，生理的欲求や安全の欲求が満たされると，それまでと違って友だち，恋人や配偶者，あるいは子どものいない淋しさを痛切に感じるようになるといいます。そして，愛情に満ちた関係を求め，家族・仲間集団・職場など居場所といえる所属集団を求めるようになります。

愛と所属の欲求がある程度満たされると，**承認と自尊の欲求**に動機づけられるようになります。これには2つの側面があります。名声，評判，社会的地位など，他者から承認され，尊敬されることを求める側面と，自分に対して自尊心をもち，誇りをもちたいという側面であり，これらは連動しています。

マズローは，これら4つの基本的欲求の上に**自己実現欲求**を置き，基本的欲求がある程度満たされると自己実現欲求に動機づけられるとしました。自分の中から湧き上がってくるものや自分が感じ取ったものを表現したい，感動を伝えたい，困難に負けずに新たなものを創造したい，自分らしく生きたい，個性的に生きたい，自分の能力を社会のために活かしたいなどというのも，一種の自己実現欲求といえます。

今の時代は，生理的欲求や安全の欲求はある程度満たされており，愛と所属の欲求や承認と自尊の欲求，あるいは自己実現欲求によって動機づけられている人が多いと考えられます。

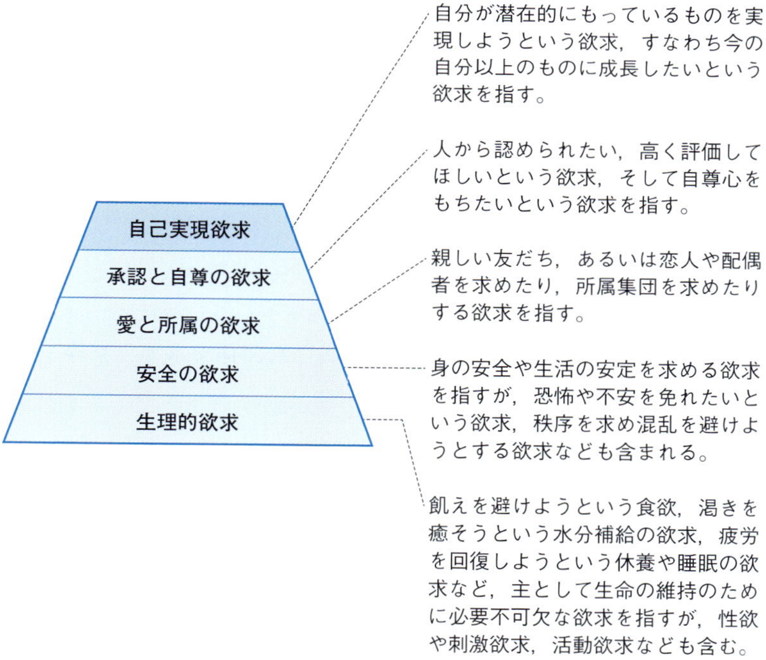

自分が潜在的にもっているものを実現しようという欲求，すなわち今の自分以上のものに成長したいという欲求を指す。

人から認められたい，高く評価してほしいという欲求，そして自尊心をもちたいという欲求を指す。

親しい友だち，あるいは恋人や配偶者を求めたり，所属集団を求めたりする欲求を指す。

自己実現欲求

承認と自尊の欲求

愛と所属の欲求

安全の欲求

生理的欲求

身の安全や生活の安定を求める欲求を指すが，恐怖や不安を免れたいという欲求，秩序を求め混乱を避けようとする欲求なども含まれる。

飢えを避けようという食欲，渇きを癒そうという水分補給の欲求，疲労を回復しようという休養や睡眠の欲求など，主として生命の維持のために必要不可欠な欲求を指すが，性欲や刺激欲求，活動欲求なども含む。

図 1-4　マズローの欲求の階層

アルダファー（1972）は，マズローの欲求の5つの階層を，生存，関係，成長という3つの欲求に括り直す，ERG理論を提起しています（図1-5）。生存とは，給料や雇用の保障，安全な職場環境などを求める欲求で，マズローの生理的欲求および安全の欲求に相当します。関係とは，友だちや家族との関係や職場の人間関係の欲求のことで，マズローの愛と所属の欲求および承認と自尊の欲求に相当します。成長とは，自分自身の能力を伸ばして成長したいという欲求のことで，マズローの承認と自尊の欲求および自己実現欲求に相当します。

面接調査などで成長したいという人の話を聴くと，自分自身が成長したいわけだが，その指標として人から認められるということを強く意識しているケースが少なくありません。そうなると，マズローのいう承認と自尊の欲求に動機づけられているのか，自己実現欲求に動機づけられているのか区別がしにくく，アルダファーの理論の方が現実的かもしれません。

しかし一方では，人から認められたいという思いが強い人に対して，たとえ人から認めてもらえなくても自分のやり方を貫きたいという人もいます。それが単なる身勝手というのではなく，たとえば専門家に評価されなくてもいい，コンクールで入選しなくてもいい，ただ自分の中から湧き出てくるものをそのまま表現したいのだという画家や作曲家，文筆家，書道家，発明家がいたとすれば，それは自己実現欲求に動機づけられているといえます。そのような欲求は承認欲求とは明らかに区別されるべきであり，そうなるとマズローの理論の方がわかりやすいといわざるを得ません。

1.6 動機づけ—衛生理論と職務満足感

職務満足感に関連した知見としてよく知られているのがハーズバーグの理論です。ハーズバーグ（1966，1968）は，職務に対する不満をもたらす要因と満足をもたらす要因は異なるとして区別し，不満をもたらす要因を衛生要因，満足をもたらす要因を動機づけ要因としました（図1-6）。

ハーズバーグによれば，私たちが職務に不満を感じるときは，仕事の環境面に関心が向いています。反対に，職務に満足を感じるときは，仕事そのものに

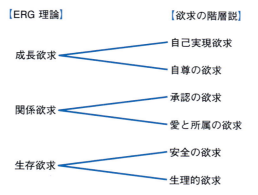

図1-5 アルダファーのERG理論とマズローの欲求の階層説の対応関係

関心が向いています。ゆえに，衛生要因は仕事を取り巻く環境面に関わるもので，動機づけ要因は仕事そのものに密接に関わるものということになります。

ハーズバーグは，**衛生要因**として，会社の方針，管理の仕方，給与，職場の人間関係，作業条件をあげています。これらの中に納得のいかないもの，満足できないものがあれば，職務に対して不満を感じるようになります。職務に対する不満が高じれば，当然のことながらモチベーションは低下します。

ゆえに，これらの衛生要因に関して不満が出ないようにすること，不満があれば極力解消に努めることが必要となります。ただし，ハーズバーグは，いくら衛生要因を満たすようにしても，それは不満の解消になるだけで，積極的に職務満足をもたらしモチベーションを向上させることはできないといいます。そこで重要となるのは動機づけ要因です。

動機づけ要因としては，達成感，他者からの承認，仕事そのものによる満足感，任されることによる責任感，昇進をあげています。このような要因が満たされることで職務に対する満足感が生じ，モチベーションが高まることになります。ゆえに，最低限衛生要因を満たすのは必須の条件として，その上で動機づけ要因を満たすように仕事の与え方や業績評価の仕方を工夫する必要があります。

なお，ハーズバーグは，給与や職場の人間関係を衛生要因に位置づけていますが，これらがモチベーションになるというのは日常よくあることといえます。金銭報酬の条件が良いためにモチベーションが上がり，必死に働くというのは，実際よくあることでしょう。また，関係性を大切にする私たち日本人にとって，職場の人間関係は非常に重要な要因であり，上司の期待に応えなければと思って頑張るとか，職場の仲間との一体感で頑張るというように，職場の人間関係がモチベーション向上の要因となることは珍しくありません。これについては第4章で取り上げますが，モチベーション理論のほとんどが欧米で生み出されたものであり，それをそのまま異文化である日本に当てはめることには慎重でなければなりません。

1.6　動機づけ―衛生理論と職務満足感　　17

衛生要因 ……会社の方針，管理の仕方，給与，職場の人間関係，作業条件

↓

職務への不満感を左右する

動機づけ要因 ……達成感，他者からの承認，仕事そのものによる満足感，任されることによる責任感，昇進

↓

職務への満足感を左右する

図 1-6　ハーズバーグの動機づけ―衛生理論

モチベーションと職務満足

2.1 モチベーションのとらえ方

2.1.1 モチベーション水準の個人差

モチベーションには大きな個人差があります。モチベーションがもともと高い人もいれば低い人もいます。人間の欲求について整理したマレー（1938）は，達成動機について，つぎのように説明しています。

● **その目的**……難しいことを成し遂げること。できるだけ迅速に，できるだけ人手を借りずにすること。障害を克服して高い水準に到達すること。自己を超克すること。他者との競争に勝つこと。才能を有効に用いて自尊心を高めること。

● **行動特徴**……困難なことを成し遂げるために努力をし続ける。遠大な目標に向かって働く。何としても勝とうとする。何事もうまくやろうとする。他者によって競争意識を刺激される。競争を楽しむ。意志の力を発揮する。倦怠感や疲労感をなくそうとする。

達成動機の高さを測定するための質問項目として，マレーは 10 項目をあげていますが，図 2-1 はそれを筆者が部分的にわかりやすく修正したものです。これらの項目が当てはまるほど達成動機が高いことになります。

2.1.2 成功追求動機と失敗回避動機

リスクを怖れず難題にチャレンジする無謀とも思えるほど積極的な人がいる一方で，なかなかリスクを取る覚悟ができない慎重な人もいます。その違いはどこにあるのでしょうか。

アトキンソンは，達成動機に対して回避動機というものを想定し，この 2 つの力関係によって課題遂行への姿勢が決まると考えました。達成動機を成功を追求しようという動機とすれば，回避動機は失敗を回避しようという動機のことです。モチベーションというと課題達成への意欲ばかりを思い浮かべがちですが，成功追求動機だけでなく失敗回避動機をも考慮に入れて（図 2-2），アトキンソンは図 2-3 のようなモチベーションの公式を提起しています。つまり，何らかの課題（任された仕事など）に対するモチベーションの高さは，本人が

1. たえず努力を続けている。
2. 人生において大きな業績を残すことが何より大切なことだと思う。
3. 仕事上で大きな成果を出したときに気持ちの平安と自信が得られる。
4. 無理な計画を立て，その達成に向けて努力するほうだ。
5. 将来を夢みるよりも，目の前の仕事に全力を傾けるほうだ。
6. 切羽詰まってくると，自分の仕事に集中するあまり，他人への配慮がおろそかになりがちなところがある。
7. 価値ある仕事をうまく成し遂げたときに，はじめて心から安らぐことができる。
8. 何かにつけて競争心を刺激されるほうだ。
9. 何かにつけて納得のいく結果が得られるまで頑張り続けるほうだ。
10. 仕事も遊びと同じように楽しい。

図 2-1　達成動機のチェックリスト

図 2-2　達成動機の2側面

達成に向けて喚起されるモチベーション

＝達成動機　×　成功確率　×　成功の誘因価

図 2-3　成功確率，課題の魅力度とモチベーション

もともと持っている達成動機の水準だけで決まるのではなく，その課題を達成できる確率とその課題を達成することのもつ魅力によって決まるというわけです。もちろん，達成できる確率というのは正確にはわからないのであって，これは本人が予想する主観的な成功確率です。

2.1.3　達成動機の水準により異なる課題の選好

　達成動機の強い人は，成功の確率が 0.3 ～ 0.5 の間に収まるような中程度の困難度を伴う仕事に取り組むことを好みます。このことは，マクレランド（1987）をはじめ多くの研究者の実験により明らかにされています。なぜ中程度の困難度の課題を好むのでしょうか。それは，達成動機の強い人にとって，必死になって頑張れば困難な課題を達成できるかもしれないという状況がとくに魅力的だからです。簡単に達成できそうな課題ではつまらないし，まったく達成不可能としか思えない課題ではやる気になれません。

　一方，達成動機の弱い人は，成功確率が 1 に近いきわめて困難な課題か，あるいは逆に成功確率が 0 に近い著しく容易な課題に取り組むことを好みます。なぜ極端に困難な課題や極端に容易な課題を好み，中程度の困難度の課題を嫌うのでしょうか。それは，達成動機の弱い人は，挑戦や冒険を嫌うからです。だれでも容易にできそうな課題なら，自分にも確実にできそうなため，抵抗なく取り組むことができます。また，だれにもできそうにないきわめて困難な課題も，自分ができなくても傷つくことがないし，できなくて当然と思えるため，気軽に取り組むことができるのです。

　図 2-4 に示されているように，達成動機の強い人と弱い人では，課題の難易度の好みが正反対になっています。失敗の後もなお粘り強く取り組むかどうかに関しても，達成動機の強い人と弱い人は正反対の傾向を示します（図2-5）。達成動機の強い人は，きわめて難しい課題に失敗したときよりも，中程度の難易度の課題に失敗したときのほうが，より長時間粘り強く課題に取り組みます。それは，もう少し必死になって頑張ればできそうな気がするからです。それによってチャレンジ精神が刺激されます。達成動機が強いからといって，どんなときでも頑張り続けることができるというわけではありません。い

2.1 モチベーションのとらえ方　　23

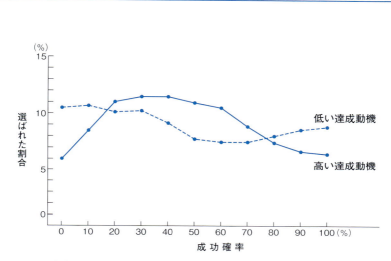

図 2-4　達成動機の強い人物と弱い人物の課題選択の割合（マクレランド，1987）

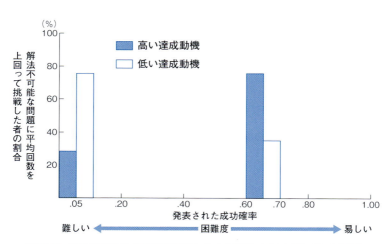

図 2-5　失敗の後もなお課題に挑戦した人の割合（マクレランド，1987）

24　　　　　　　　　　第2章　モチベーションと職務満足

くら頑張ってもできそうにないというような困難な状況では，到底やる気にな
れません。一方，達成動機の弱い人は，中程度の難易度の課題に失敗したとき
よりも，きわめて困難な課題に失敗したときの方が，より長時間粘り強く課題
に取り組みます。それは，どうせ頑張ってもだれにもできそうにないと思える
からです。どうせできないということで，気楽に取り組めるのです。

2.2　外発的動機づけと内発的動機づけ

2.2.1　外発的動機づけ・内発的動機づけと自己決定の感覚

　X理論に対応した動機づけが外発的動機づけとすると，Y理論に対応した動
機づけが内発的動機づけということになります。

　外発的動機づけでは，動物ならエサ，人間ならお小遣いや給料など，外的報
酬によって一定の行動をとるように仕向けられるのであり，その行動は自己決
定によって起こされるのではなく，やらされるわけです。デシは，内発的動機
づけと外発的動機づけは，外から報酬が与えられたり拘束されたりということ
があるかどうかによって区別されることが多いけれども，それは表面的定義に
すぎないといいます。要するに，ご褒美をもらうためにある行動を取る場合も，
罰を免れるためにある行動を取る場合も，自ら進んで行っているのではなくや
らされてるのであり，自己決定が行われていないという点が重要だというので
す。

　デシ（1975）は，**内発的動機づけ**について，「内発的に動機づけられた行動
とは，人がそれに従事することにより，自己を有能で自己決定的であると感知
することのできるような行動である」とし，自己決定的であるかどうかを重視
しています。そしてデシたちは，どのパズルをやるかを本人に選ばせた場合と，
このパズルをやるようにと割り当てられた場合の熱中度を比べ，自己選択の機
会を与えられた者の方が内発的に動機づけられる，つまり何ら報酬がなくても
熱心にパズルに取り組むことを確認しています（図2-6）。

　このように自己決定というものが内発的動機づけの重要な構成要素となって
いるのです（デシ，1980）。

【外発的動機づけ】

外的報酬によってやる気になる（やる気にさせる）
↓
給料・賞与，昇進，賞賛・表彰など

> 他者によって与えられるものによって動く
> ＝　自己決定な行動ではない

【内発的動機づけ】

内的報酬によってやる気になる（やる気にさせる）
↓
好奇心，達成感，責任感，成長感，熟達感，充実感など

> 自分の心の中で感じるものによって動く
> ＝　自己決定された行動

図 2-6　外的報酬と内的報酬

2.2.2 アンダーマイニング効果

デシやレッパーたちは，外発的動機づけが内発的動機づけに与える影響を検討する実験を行っています。

デシ（1971）が行った実験では，おもしろいパズルをたくさん用意し，パズル好きの大学生に解かせました。その際，A・Bの2グループが設定されました。1日目は，両グループともただ好奇心のおもむくままにいろんなパズルを解きます。2日目には，Aグループのみパズルが1つ解けるたびに金銭報酬が与えられました。Bグループは，前日同様ただ好きに解くだけでした。3日目は，両グループとも，1日目と同じくただ好奇心のままに解きました。つまり，Bグループに割り当てられた人は，3日間とも興味のままにパズルを解いて楽しんだわけですが，Aグループに割り当てられた人は2日目のみパズルを解けるたびにお金をもらえるという経験をしたのです。その結果，Aグループのみ，3日目にパズル解きへの意欲の低下がみられました。

元々はみんなパズルを解くのが好きで，パズルを解くこと自体に喜びを感じており，パズルを解くこと自体が目的だったわけで，パズルを解くのは内発的に動機づけられた行動でした。ところが，Aグループでは，パズルを解けたらお金をもらえるという経験をすることによって，パズルを解くことがお金をもらうための手段となったのです。こうしてパズルを解くことは，金銭報酬によって，内発的に動機づけられた行動から外発的に動機づけられた行動へと変質してしまいました。ゆえに，お金がもらえないときには自発的にパズルを解くことが少なくなったのです。

レッパーたち（1973）は，日頃から絵を描くのが好きな幼児たちを選んで，お絵描きの実験を行いました。その際，子どもたちは3つのグループに分けられました。第1のご褒美予期群の子どもたちは，うまく描けたらご褒美をあげると言われ，結果的に全員がご褒美をもらえました。第2のご褒美なし群の子どもたちは，絵を描きましょうねと言われて絵を描いて遊びました。第3の予期せぬご褒美群の子どもたちは，ご褒美のことは言われずにただ絵を描きましょうねと言われて絵を描いて遊んだのですが，終わったところで思いがけずご褒美をもらえました。

2.2 外発的動機づけと内発的動機づけ

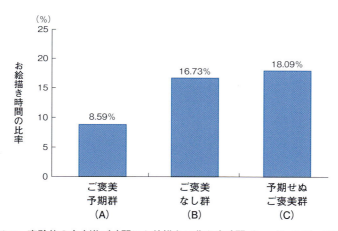

図 2-7 実験後の自由遊び時間にお絵描きに費やす時間（レッパーたち，1973）

実験から 7 〜 14 日後に自由遊び時間の行動を観察したところ，ご褒美予期群の子どもたちは，他の子どもたちと比べて，お絵描きに費やす時間が明らかに少なくなっていました（図 2-7）。それは，お絵描きがご褒美をもらうための手段となり，絵を描くということが，内発的に動機づけられた行動から外発的に動機づけられた行動へと変質してしまったためと考えられます。

閉園時間までに保育園に子どもを迎えに来ない保護者から罰金を取ることにしたら，遅刻する保護者が減るどころか徐々に増え，ついに罰金制度導入前の 2 倍になってしまったというフィールド実験の結果もあります（ニージーとルスティチーニ，2000）。時間に間に合わせることが，迷惑をかけてはいけないという自発的行為だったのに，そこに強制力が働くようになり，罰金さえ払えばいいといった感じになったのではないかと考えられます。

このように，元々自発的に行っていたことであっても，外的報酬（罰も負の外的報酬）を与えられることによって内発的動機づけが機能しなくなり，外的報酬が与えられないとやる気がしなくなってしまうことを，アンダーマイニング効果といいます。

2.3 内発的動機づけを高める職務特性

2.3.1 科学的管理法からの脱却としてのジョブ・デザイン

ウォーカーとゲスト（1952），ブラウナー（1964），あるいはコーンハウザー（1962）は，自動車工場での調査をもとに，単純作業の繰返しや完成品に至る全工程を実感できないことが無力感をもたらし，不眠などの心身の不調を訴える者が多く，給料がよい割には不満が多いことなどを見出しています。そこから労働を人間的なものにする必要性が浮上し，ジョブ・デザインの手法が模索されることになりました。田尾は，ジョブ・デザインの考え方を表 2-1 のように 3 点に要約しています。かなり以前の指摘ですが，その時代の状況に合わせたジョブ・デザインを工夫するのは，永遠の課題といってよいでしょう。

表 2-1　ジョブ・デザインの必要性と考え方（田尾，1991）

1. まず労働疎外を克服するためにある。単調で単純な仕事が，人々を無気力にし無感動にして心から働きたい気持ちをなくさせていることについては，繰り返し指摘されてきた。人間的に動機づけられ内発的に満足するためには，ジョブ・デザインの方法は欠かせない。

2. つぎに，インテリジェント化に配慮するためにも，仕事は作り替えられるべきである。働く人たちの多くが高学歴であり，高度の知識や技術を備えた人たちである。この人たちのためには，仕事の内容を高次化して，彼らにとって生きがいを感じるものに変えなければならない。

3. ジョブを断片的ではなく体系的にとらえるために，人間的要素をも含めて統合的に仕事の構造を把握しなければならない。人間工学などとも関連させながら，デザイン的手法を通してどうすれば働きやすい仕事になるのか，ストレスや労働災害のない仕事になるのかを工夫しなければならない。

2.3.2 職務満足につながる職務特性

　ワイスたちの職務満足を測定する尺度（**MSQ**；**ミネソタ職務満足度尺度**；井手，2000）は，内発的動機づけ面での職務満足度と外発的動機づけ面での職務満足度を要素ごとに測定できるようになっています（**表2-2**）。たとえば，内発的動機づけに関しては，「いつも忙しく仕事ができること」によって「活動性欲求」が満たされたり，「ときどき違ったことをする機会」によって「多様性（あるいは変化）を求める欲求」が満たされたり，「能力を生かせることをする機会」によって，「能力発揮（あるいは自己実現）を求める欲求」が満たされたりする側面を測定します。外発的動機づけに関しても，「昇進・昇格の機会」によって「昇進・昇格（あるいは承認）欲求」が満たされたり，「よい仕事をしたときのあなたへの賞賛」によって「承認欲求」が満たされたりする側面を測定します。

　ハックマンとオルダム（1975）は，職務というものは有意義感の欲求，責任の欲求，フィードバックの欲求などを満たす必要があるとし，このような欲求を満たす仕事のことを**充実した仕事**と呼びました。そして，内発的動機づけを高める職務特性として重要な5つの要素をあげています（**表2-3**）。

　エヴァンスたち（1979）は，大手自動車メーカーの調査研究により，これら5つの職務特性を高く知覚するほど仕事へのモチベーションが高く，職務態度も好ましいことを見出し，5つの職務特性の中でも，とくに自律性とフィードバックがモチベーションに強い影響力をもつという結果を報告しています。カークパトリック（1992）は，校正を課題とした研究において，自律性と責任の度合いを操作し，それらが業績に与える効果を測定した結果，責任を増やすことにより自己設定目標の困難度が高まり，コミットメントも上昇することを見出しています。さらに，その目標の高さによって，個人の業績も高まりました。ここからいえるのは，責任をもたせるという形で職務を充実させると，本人の内発的動機づけが高まり，目標を高く設定し，業績も向上することが期待できるということです。キャンピョンとセイヤー（1985）は，5つの工場の121種類の職務を調査し，充実度の高い職務ほど，従業員の満足度や業績が高く，欠勤率は低いことを見出しています。フレーゼたち（1996）は，成長を促

2.3 内発的動機づけを高める職務特性

表2-2 ミネソタ職務満足度尺度（MSQ）（井手，2000 を一部修正）

現在の仕事に関し，以下の項目について，どのように感じていますか。
次の5段階で答えてください。

1. 非常に不満足 2. 不満足 3. 満足か不満足のどちらとも決められない 4.
満足 5. 非常に満足

1. いつも忙しく仕事ができること（内発的，活動性）。
2. 自分1人で仕事する機会（内発的，独立性）。
3. ときどき違ったことをする機会（内発的，多様性）。
4. 地域で「一目置かれる人」になる機会（外発的，社会的地位）。
5. あなたの上司の部下への接し方（外発的，指導—人間関係）。
6. あなたの上司の判断能力（外発的，指導—専門性）。
7. 良心に反しない行動をとれること（内発的，道徳価値）。
8. 雇用の安定という点から見たあなたの仕事（外発的，雇用安定）。
9. 他の人のためになることをする機会（内発的，社会貢献）。
10. 他の人にどうしたらよいかを教える機会（内発的，権威）。
11. あなたの能力を生かせることをする機会（内発的，能力発揮）。
12. 会社の方針を実行するやり方（外発的，会社の方針と実行）。
13. あなたの給与と仕事の多さの関係（外発的，給与）。
14. 昇進・昇格の機会（外発的，昇進・昇格）
15. 自分の判断の自由度の大きさ（内発的，責任）
16. 自分のやり方で仕事をすすめてみる機会（内発的，独創性）。
17. 労働条件（外発的，労働条件）。
18. 同僚との人間関係（外発的，同僚）。
19. よい仕事をしたときのあなたへの賞賛（外発的，承認）。
20. 仕事から得る達成感（内発的，達成）。

※カッコ内は満足の種類を示すもので実際の質問項目にはありません。

表2-3 内発的動機づけを高める職務特性

1. **多様性**……単調な仕事でなく，多様な操作やスキルが必要だったり，変化があったりすること。
2. **完結性**……部分的な作業をするのみで全体が見渡せないということがなく，仕事全体を見渡すことができ，自分の仕事の位置づけができること。
3. **重要性**……社会的意義がわかるなど，やっている仕事の重要性や有意味性が感じられること。
4. **自律性**……命じられるままに作業をするというのでなく，自ら計画を立てたり，方法を工夫したり，自律的に取り組めること。
5. **フィードバック**……自分の仕事の結果がわかり，今後の改善のための有益な情報が得られること。

32   第2章　モチベーションと職務満足

進する仕事が，それに従事する人の自主性を高めることを見出しています。

2.4 自己決定理論

2.4.1 外発的動機づけと内発的動機づけの中間地帯

　X理論に基づいてアメとムチで動かす外発的動機づけの欠点が指摘され，好奇心や成長感を刺激する内発的動機づけの大切さが認識されるようになって，外発的動機づけは悪玉視されている観があります。しかし，将来のキャリアに役立つから資格取得のための勉強をするとか，販売現場に出たときに困らないように商品知識を頭に詰め込むとか，一刻も早く一人前と認められたいから寝る間も惜しんでスキルアップに励むとかいうのも，実際よくあることです。そのような場合，自己目的的ではなく手段として学ぶわけで，内発的動機づけによる行動とは言い難いかもしれません。しかし，だれかから強制されているわけではなく，自己決定に基づいて行動しているので，外発的動機づけによる行動とも言い難いでしょう。そこで注目されるのが，**外発的動機づけと内発的動機づけの中間地帯**です。

　学ぶことそのもの，働くことそれ自体が楽しいというような自己目的的な内発的動機づけによる行動でなく，別の目的のための手段として学んだり働いたりする場合でも，高いモチベーションを維持できる場合があります。そのことをわかりやすく説明してくれるのが，ライアンとデシ（2000a，b）による自己決定理論です。

2.4.2 自己決定理論による動機づけの分類

　自己決定理論では，手段としての行動を促す外発的動機づけの中にも自己決定性が高いものがあることを認め，内発的動機づけと外発的動機づけという2分法をとるのをやめて，まったくやる気のない状態（非動機づけ）と内発的動機づけの両極の間に外発的動機づけを位置づけます。そして，外発的動機づけをまったくやる気のない状態に近いものから内発的動機づけに近いものまで4段階に分類しています。**図2-8**のように，外発的動機づけは，外的動機づけ，

2.4 自己決定理論　　　33

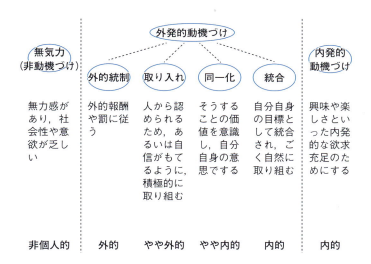

図 2-8　**自己決定理論におけるモチベーションの分類**
　　　　（ライアンとデシ，2000a, b）

取り入れ的動機づけ，同一化的動機づけ，統合的動機づけの4つに分けられます。図において，外的動機づけから内発的動機づけに向かって自己決定性が高くなっていきます。

非動機づけとは，無力感に苛まれ，まったくやる気になれない状態，つまり動機づけが欠如していることを指します。

外的統制とは，外発的な動機づけで，自己決定の度合いがきわめて低く，他人や組織から強制されて働くような場合のことで，給料・ボーナス・昇給・昇進のような外的報酬や減給・降格のような罰によって仕方なく学んだり働いたりするときの動機づけを指します。

取り入れとは，多少自己決定の要素があるものの，いまだ外発的な動機づけといえ，人から認められたいから頑張るとか，恥をかきたくないから頑張る，成績を上げたいから頑張るなどという場合のように，承認や評価を意識して学んだり働いたりするときの動機づけを指します。

同一化とは，自己決定の要素が強いという意味で内発的な動機づけに近く，将来役に立つと思って学ぶとか，自分の夢の実現のために頑張るとか，経験を積むことが成長につながるはずだから辛抱するなどという場合のように，自分のためになるといった思いによって学んだり働いたりするときの動機づけを指します。

統合とは，自己決定の度合いが非常に強く，何かのためという意識はなく，自分にとって意味のあることだからということで無理なく自然に学んだり働いたりするときの動機づけを指します。内発的動機づけにほぼ重なる状態です。

内発的動機づけとは，完全に自己決定的で，学ぶことが楽しい，知識が増えるのが嬉しい，わからないことがわかるようになるのが楽しい，できないことができるようになるのが楽しい，もっと上手にできるようになりたい，働くことが楽しい，などといった思いで学んだり働いたりするときの動機づけを指します。

2.4.3 動機づけタイプ別チェックリスト

どのような動機づけによって働いているのかは，人それぞれです。また，だ

表 2-4　動機づけタイプ別チェックリスト（榎本，2015）

非動機づけ	1. 仕事中たいていあまりやる気がない。
	2. 一生懸命に働く気になれない。
	3. 人並みに仕事ができる気がしない。

外的 動機づけ	1. 給料をもらうためだと自分に言い聞かせて頑張っている。
	2. 昇進のために頑張っている。
	3. 上司に叱られたくないから仕方なく頑張っている。

取り入れ的 動機づけ	1. 周囲から認められたくて頑張っている。
	2. 仕事で恥をかきたくないから頑張っている。
	3. 同期に負けたくないから頑張っている。

同一化的 動機づけ	1. 将来のために頑張っている。
	2. 将来の夢のために頑張っている。
	3. 自分の成長につながると思って頑張っている。

内発的 動機づけ	1. 働くことが楽しくてしようがない。
	2. 知識が増えるのが嬉しいから頑張っている。
	3. もっとできるようになりたいから頑張っている。

れでもどれか１つの動機づけのみによって働いているというような感じではなく，複数の動機づけによって働いていることが多いものです。

　自分がどのような動機づけを中心として働いているのかの見当をつけるためにも，周囲の人たちがどのような動機づけを中心として働いているのかを理解する一助にするためにも，チェックリストを用いて，自己決定理論の枠組みで日頃の仕事への取り組み姿勢を振り返ってみるのも有効です。ただし，統合的動機づけは，ほとんど内発的動機づけと重なり，区別するのが難しいため，チェックリスト（**表2-4**）では，非動機づけ，外的動機づけ，取り入れ的動機づけ，同一化的動機づけ，内発的動機づけの５つの動機づけについて，チェック項目をあげています。

　ライアンとデシの自己決定理論では，私たちは有能さへの欲求，関係性への欲求，自律性への欲求という３つの重要な欲求をもっているとみなします。中でも自律性，つまり自己決定への欲求が最も重要なものであるとしています。そして，それらの欲求が満たされることで内発的動機づけが促進されるといいます。このことをモチベーション・マネジメントに応用すると，有能さや関係性，そして自律性＝自己決定性をうまく使うことで内発的動機づけの方向へとワーク・モチベーションを徐々にシフトさせていくことができると考えられます。

　自己決定理論によれば，アンダーマイニング効果も，外的報酬を与えられることによって，「させられている」という感じになり，自己決定の感覚が疎外されるために生じると考えることができます。

　ただし，デシとケストナー（1999）は，自律性を阻害せず，有能感を高める形で外的報酬が与えられる場合は，内発的動機づけが低下せず，むしろ高まることもあるといいます。たとえば，「うまくできたね」といった声がけがそれに相当します。

　さらにデシたち（1994）は，「すべきだ」というような強制的な言い方をすると自律性の欲求が阻害され，内発的動機づけが低下することを発見しています。

認知と
モチベーション

3.1 状況認知とモチベーション

3.1.1 ポジティブな認知

　似たような苦しい状況にあっても，頑張り続けて何とか苦境を乗り越えられる人もいれば，すぐに諦めて落ち込んでしまう人もいます。そこからわかるのは，人の行動を規定するのは状況ではなく，状況に対する認知の個人差だということです。そこで，モチベーション・マネジメントの観点から重要となるのは，**ポジティブな認知**の仕方です。ポジティブ心理学（セリグマンとチクセントミハイ，2000）の提唱者であるセリグマンは，それに先だってポジティブ認知の効用についての研究を積み重ねています。

　セリグマン（1990）は，成功と失敗を分けるものとして，通常は才能や意欲が想定されていますが，そこに第3の要素として楽観主義・悲観主義があるとしています。セリグマンは，何度断られても諦めたり落ち込んだりせずに粘り抜く心が最も強く求められる仕事とされる生命保険の外交員を例にあげ，底抜けの楽天家は生命保険の外交員のような仕事で成功するとしています（**コラム3-1**）。

　成功するには失敗しても諦めないでいられる粘り強さが必要であり，楽観的な説明スタイルが粘り強さのカギになると考えたセリグマンは，ある生命保険会社の外交員を対象に説明スタイルをチェックする楽観度テストを実施し，その1年後の仕事状況を調べました。その結果，楽観度テストの平均以下の人は，平均以上の人と比べて，辞める率が2倍となっていました。また，下位4分の1に入る人は，上位4分の1に入る人の3倍も辞める率が高かったのです。さらに，上位半分の人は，下位半分の人よりも20%多く保険契約を成立させていました。そして，上位4分の1に入る人は，下位4分の1に入る人よりも50%多く契約を取っていました。このように楽観度によってだれが生き残るかを予測することができ，まただれが多く契約を取ってくるかも予測することができることがわかったのです。

コラム3-1 楽観的認知か悲観的認知かによって，その後の行動が大きく違ってくる

　セリグマンは，楽観主義が威力を発揮するのは，外交員がノーと言われたときだといいます。

　「悲観的な外交員は，『僕は能なしだ』とか『僕の勧誘では誰も保険に入ってくれるはずがない』とか『1塁までだって行けやしない』などと，永続的で普遍的で個人的な説明をするだろう。こういう考え方をすると，つぎのダイヤルを回す（筆者注：電話をすること）のがますますつらくなる。このような思いを何度かすると，悲観的な外交員はその晩はもう電話しない。そしていずれ完全にやめてしまうことになる。

　一方楽天的な外交員はもっと建設的な考え方をする。『ちょうど忙しいところへかけてしまったんだろう』とか『もう保険に入っていても，10人のうち8人までが目一杯には保険をかけてはいない』とか『夕食中に電話してしまったんだ』などと解釈する。だからつぎのダイヤルを回すのが苦にはならず，数分のうちに面会の約束をしてくれる人に当たる（平均10人に1人はいるのだから）。これに勇気づけられて，どんどん電話をかけ，また予約を取り付ける。この外交員はこうして持ち前のセールスの才能を発揮する。」
（セリグマン，M. E. P. 山村宜子（訳）『オプティミストはなぜ成功するか』講談社文庫）

3.1.2 楽観主義者と悲観主義者の説明スタイル

　楽観主義とは，ポジティブな出来事やポジティブな結果を期待する傾向，ものごとが好転するであろうという信念のことを指しますが，セリグマンは楽観主義と悲観主義は説明スタイルによって区別できると考えました。セリグマンは，困難にも負けずに諦めないのはどのような人物かについての研究において，ワイナーたち（1972）の原因帰属理論を参考に，永続性，普遍性，個人度という3つの次元を抽出し，それによって楽観的な説明スタイルと悲観的な説明スタイルを特徴づけています（図3-1）。説明スタイルとは，何かが起こったとき，その出来事を自分自身に説明する習慣化したスタイルのことです。セリグマンによれば，楽観主義と悲観主義の説明スタイルにはつぎのような対照性があります。

1. 永 続 性

　永続性とは，それが長く続くと思うか，一時的なものと思うかということです。悲観主義的な人は，自分の身に降りかかった不幸は永続的であり，悪いことは続くものであり，いつまでも自分の人生に影響を与えるだろうと考える結果，すぐに諦めることになりがちです。楽観主義的な人は，不幸の原因は一時的なものだと信じるため，無力感に陥りにくいといった傾向があります。良い出来事についての説明スタイルは，悪い出来事についての説明スタイルと正反対になります。良い出来事に対しては，楽観的な人ほど永続的とみなし，悲観的な人ほど一時的とみなす傾向があります。

2. 普 遍 性

　普遍性とは，特定の理由によるものか，全般的な理由によるものかということです。自分の失敗に普遍的な説明をつける悲観主義的な人は，ある一つの分野で挫折するとすべてを諦めてしまいがちです。一方，特定の理由によって説明をする楽観主義的な人は，その分野では無力かもしれないけれども他の分野ではしっかりと歩み続けることができます。楽観主義者は悪い出来事には特定の原因があると考える一方で，良い出来事は自分のやることすべてに有利な影響を与えると信じる傾向があります。それに対して，悲観主義者は悪い出来事には普遍的な原因があると考える一方で，良い出来事は特定の原因で起きると

3.1 状況認知とモチベーション 41

1. 永 続 性

永続的（悲観的）
「私はもう立ち直れない」
「ダイエットは決してうまくいかない」

「君はいつもがみがみ言う」

「上司はいやなやつだ」
「君は口をきいてくれない」

一時的（楽観的）
「私は疲れている」
「ダイエットは外食するとうまくいかない」

「君は私が部屋を片付けないとがみがみ言う」

「上司は虫の居所が悪い」
「君は最近口をきいてくれない」

2. 普 遍 性

普遍的（悲観的）
「先生はみな不公平だ」
「不愉快だ」
「本は役に立たない」

特定的（楽観的）
「セリグマン教授は不公平だ」
「彼は不愉快なやつだ」
「この本は役に立たない」

3. 個 人 度

自分のせい（悲観的＝低い自尊心）

「私はばかだ」
「私はポーカーの才能がない」
「私は安定性に欠ける人間だ」

外的要因のせい（楽観的＝高い自尊心）

「お前はばかだ」
「私はポーカーでついてない」
「私は貧乏な境遇で育った」

図 3-1　悪い出来事に対する説明スタイルの例（セリグマン，1990 より）

考える傾向があります。

3. 個 人 度

　個人度とは，何かが起こったとき，それを自分のせいにするか，他人や状況のせいにするかということです。悪いことが起こったとき，私たちは自分を責めるか，他の人や状況を責めます。悲観主義的な人は，失敗したときに自分を責め，結果的に自分を低く評価することになりますが，楽観主義的な人は，外的な要因を責め，悪いことが起こっても自尊心を失いません。良い出来事が起こったときの説明スタイルは，悪い出来事が起こったときとは逆になります。

　セリグマンは，このような説明スタイルは訓練することで改善可能であるとしています。諦め癖のついている人，うまくいかないとすぐにやる気がなくなる人は，いつの間にか悲観主義的な認知傾向を身につけてしまっている可能性があるため，永続性，普遍性，個人度という3つのポイントを意識して，説明スタイル転換の訓練をするのが有効といえます。

3.2　楽観主義・悲観主義にもタイプがある

　楽観主義の効用についてはセリグマンが詳細に言及していますが，楽観的な人が常にうまくいくというわけではありません。楽観的で見通しが甘く，準備も怠り，ミスをしがちな人がいたり，悲観的で不安が強いがゆえに，用意周到に準備を行い，ものごとを滞りなく進行させる人がいたりするのも事実です。そこで参考になるのが，ノレムたちの悲観主義・楽観主義の研究です。

　ノレムとキャンター（1986a, b）は，過去のパフォーマンスに対する認知と将来のパフォーマンスに対する期待によって，楽観主義・悲観主義の4つのタイプに分類しています（表 3-1）。そして，戦略的楽観主義者と防衛的悲観主義者の成績が良いことが多くの研究により示されています。

　この類型の非現実的楽観主義をみると，楽観的ではあっても好ましくなく適応的でないタイプがあることがわかります。実際に成果を出していないのに，自分はできると楽観視し，いくら注意をしても染み込まず，「わかりました」と言うものの似たようなミスを繰り返すなど，経験から学ばないタイプには手

表 3-1　**楽観主義・悲観主義の 4 つのタイプ**（ノレムとキャンター，1986a，b）

1. **戦略的楽観主義**

過去のパフォーマンスに対してポジティブな認知をもち，将来のパフォーマンスに対してもポジティブな期待をもつ。

2. **防衛的悲観主義**

過去のパフォーマンスに対してポジティブな認知をもつが，将来のパフォーマンスに対してはネガティブな期待をもつ。

3. **非現実的楽観主義**

過去のパフォーマンスに対してネガティブな認知をもつが，将来のパフォーマンスに対してはポジティブな期待をもつ。

4. **真正の悲観主義**

過去のパフォーマンスに対してネガティブな認知をもち，将来のパフォーマンスに対してもネガティブな期待をもつ。

を焼きますが，ここからいえるのは楽観的であればよいというわけではないということです。この場合は，現実を直視させることが必要といえます。

また，真正の悲観主義者のように，これまで成果が出せていないからこの先もできそうな気がしないという場合は，自信をつけさせ，少しでもポジティブになれるようにサポートすることが必要でしょう。

同じく悲観主義者であっても，防衛的悲観主義者の場合は，過去のパフォーマンスに対するポジティブな認知が自信になり，モチベーションになっているため，将来のパフォーマンスに対する期待が低くても諦めることはありません。むしろ，将来のパフォーマンスに対して不安があり，楽観的になれないことが，用意周到な準備行動を通して成績の良さにつながっていると考えられます（ノレム，2002，2008：コラム 3-2）。

3.3 原因帰属とモチベーション

3.3.1 「指し手」と「コマ」

何をすべきか，どのようにすべきか，それを自分自身で決めていると感じている人もいれば，人からやらされているといった感覚が強い人もいるでしょう。そのような感覚の違いは，モチベーションに大いに関係しているはずです。そこに着目したド・シャーム（1968）は，「指し手」と「コマ」という概念によってモチベーションの高低を説明しています。「指し手」とは，自分自身の中に行動の動機があると感じている心理状態を指します。一方，「コマ」とは，自分自身の中に行動の動機はなく，他者の意向や指図によって動かされていると感じている心理状態を指します。「指し手」は，自分の思うように行動できる，自分の行動は自分で決めることができると感じているため，モチベーションは高く，「コマ」は，人によって動かされていると感じているため，モチベーションは低くなります。

3.3.2 自己責任性

自分が出した結果を自分のせいにすることを自己責任性といいます。クラン

コラム3-2　防衛的悲観主義者のポジティブ・パワー

　ノレムたちは，このようなネガティブ思考のもつポジティブ・パワーを証明するための実験を行っている。

　実験に先立って，防衛的悲観主義の人たちを2つのグループに分けた。仮にそれをAグループ，Bグループとしよう。

　Aグループの人たちに自分の課題のできを予想させると，かなり低い成績を予想した。それは防衛的悲観主義者なのだから，当然のことと言える。

　Bグループの人たちには，「あなたの実力なら，きっとうまくやれるはず」と鼓舞することで，ポジティブ思考を吹き込んだ。それによって，Bグループの人たちは楽観的な気分になり，Aグループの人たちよりも良い成績を予想した。

　では，実際の成績はどうなっただろうか。結果をみると，実際の成績は，Aグループの人たちの方が，Bグループの人たちよりも良かったのである。

　ポジティブ思考を吹き込まれ，良い成績を予想したBグループの人たちの方が，Aグループの人たちよりも，実際の成績は悪くなってしまった。ポジティブ思考を吹き込まれることで楽観的な見通しをもち，自信をもって課題に取り組んだはずのBグループの人たちの方が成績が悪かったのだ。

　これにより，防衛的悲観主義の人は，ネガティブなままでいた方が成果を出すことができ，ポジティブになるとかえって成果が出せなくなることが証明されたわけである。

（榎本博明『ネガティブ思考力』幻冬舎）

ドールたち（1965）は，自己責任性とモチベーションの関係に着目し，試験や通知表の成績など学業上の成功や失敗を自分自身のせいにするか，状況や他人のせいにするかを測定しました。そのようにして測定された自己責任性と学業成績の関連を検討した結果，自己責任性の高い人ほど学業成績が良いことを見出しています。**オーバー・アチーバー**（実力以上の成果を出している人）と**アンダー・アチーバー**（実力以下の成果に甘んじている人）を比較した研究もあります。それによると，オーバー・アチーバーは結果を自分の内的要因のせいにする傾向があり，アンダー・アチーバーは結果を外的要因のせいにする傾向がありました。ここから，自分のせいにすることが頑張る力につながり，ひいては潜在能力を引き出すことにつながっていると考えられます。

3.3.3 ローカス・オブ・コントロール

ロッター（1966）は，自己責任性に関連して，**ローカス・オブ・コントロール**という概念を提起しました。これは統制の位置と訳されますが，自分の行動の結果をコントロールしている要因が自分の内側にあるか外側にあるかという意味です。結果をコントロールしている要因というのは，いわば原因のことであり，原因帰属の類型ということになります。自分の能力や努力といった内的要因に原因を求める認知の仕方を**内的統制**といいます。反対に，運や課題の難易度など外的要因に原因を求める認知の仕方を**外的統制**といいます。そしてロッターは，原因帰属のスタイルとモチベーションの関係を検討し，モチベーションの高い人には内的統制型が多いことを見出しています。

3.3.4 原因帰属の2つの次元

ただし，内的統制型が常に自信をもち，高いモチベーションをもって，前向きに頑張っているともいえないのではないでしょうか。頑張っても思うような成果につながらないとき，自己責任の発想が，「なんでうまくいかないのだろう。自分はこの仕事に向いてないのだろうか」などといった思いを刺激し，落ち込みをもたらし，モチベーションの低下につながるといったケースもみられます。そうした矛盾を解決してくれるのが，ワイナーたちによる原因帰属のタ

3.3 原因帰属とモチベーション

表 3-2 **原因帰属の 4 つの要因**（ワイナーたち，1972）

		安定性	
統制の位置		固 定 的	変 動 的
	内 的 統 制	能　　力	努　　力
	外 的 統 制	課題の困難度	運

ワイナーたちは，外的要因としての課題の困難度と運を安定性によって区別し，内的要因としての能力と努力を安定性によって区別しました。とくに重要なのは，能力と努力の区別です。すなわち，能力というのは急に変化することはありませんが，努力は突然急変することもあります。

たとえば，昨日まで能力が低かったり知識が乏しかったりしたのに，明日から急に能力が高くなったり知識が豊富になったりするようなことは，現実的に考えにくいでしょう。しかし，昨日までまったく努力していなかったのに，突然やる気に燃え，明日から見違えるほどの努力をするようになるというのは，十分あり得ることです。

成功したときは，「自分は能力があるからうまくいったんだ」（固定的）と受け止めても，「自分は努力したからうまくいったんだ」（変動的）と受け止めても，モチベーションの向上につながるでしょう。しかし，失敗したときは，「自分は能力がないからダメだったんだ」（固定的）と受け止めれば，能力というのはすぐには向上しないため「どうせダメだ」といった気持ちになりモチベーションは下がりますが，「自分は努力が足りなかったんだ」（変動的）と受け止めれば，「もっと努力すればつぎはうまくいくかもしれない」と思えるためモチベーションが上がります。

イプ分けの枠組みです。ワイナーたち（1972）は，**内的統制—外的統制**という統制の位置の次元に加えて，**固定的—変動的**という安定性の次元を交差させて，原因帰属の４つのタイプを設定しました（**表3-2**）。

　そして，ワイナーたちが成功したときや失敗したときの原因帰属の仕方と達成動機の関係を検討したところ，原因帰属のスタイルと達成動機，つまりモチベーションとの間に密接な関係があることがわかりました。すなわち，モチベーションの高い人は，成功を「能力や努力」といった内的要因のせいにして，失敗については「努力（不足）」のような変動的な内的要因のせいにする傾向がみられたのです。一方，モチベーションの低い人は，成功場面においても失敗場面においても変動的な内的要因（努力など）のせいにすることが少ないことがわかりました。このように，成功したときは固定的（能力）でも変動的（努力）でもよいので内的要因のせいにして，失敗したときは変動的な内的要因（努力）のせいにするといった原因帰属のスタイルがモチベーションの高さにつながることが明らかになったのです。

　モチベーションの高いタフな心をつくるには，成功経験を積ませることだという考え方がありますが，はたして成功経験を積ませるだけで挫折にめげないタフな心がつくられるのでしょうか。そのことを検討した実験があります。ドゥウェック（1975）は，8歳から13歳の子どもたちの中から極端に強い無力感をもつ子ども，つまり失敗すると急にやる気をなくしてしまう子を選び，6人に成功経験法を，他の6人に原因帰属再教育法を施しました（**コラム3-3**）。**成功経験法**とは，常に成功するようにやさしい到達目標を設定するものです。**原因帰属再教育法**とは，5回に1回の割合で失敗させ（わざと到達不可能な基準を設定して失敗させる），その際にもう少し頑張ればできたはずだと励まし，「失敗の原因は自分の努力不足にあると思わせる」ものです。

　このような2種類の治療教育の前，中間，後の3つの時点でテストを行い，失敗後の反応を比べると，原因帰属再教育法においてのみ治療効果がみられました。それも顕著な効果がみられたのです。**図3-2**のように，原因帰属再教育を受けた子どもたちは，失敗の後に成績が急降下するということがなくなり，むしろ「もっと頑張らなくては」といった思いから失敗直後に成績が上昇する

失敗に「落ち込む子」と「めげない子」の認知の違い

　ドゥウェックとレプッチ（1973）は，小学校5年生の子どもたちを対象に積み木課題を使った実験を行いました。2人の実験者が順番に（ランダムに交替する）積み木課題を出すのですが，一人は努力すれば必ず解ける課題を出し（成功型実験者），もう一人は与えられた積み木だけでは解決不可能な課題を出すことになっていました（失敗型実験者）。成功型実験者が32題，失敗型実験者が30題出題したところで，最後の2題は失敗型実験者が解決可能な課題を出題しました。この2題は，前に成功型実験者が出題したのと同じ課題でした。この最後の2題に対する取り組み方を観察した結果，大きな個人差がみられました。

　失敗型実験者から与えられた課題だからどうせできないに違いないと決めつけているかのようにはじめから努力しない子と，とにかくやってみようと頑張ってみる子に大きく分かれたのでした。

　これらの子どもたちの原因帰属傾向を調べると，後者は前者に比べて，失敗を自分の努力不足のせいにし，成功を努力のせいにする傾向が強くみられました。

　このように，とくに失敗したとき，うまくいかないときに，努力不足のような変動的な内的要因のせいにする原因帰属スタイルが失敗にめげないタフな心を支えていることがわかります。

ようになりました。一方、成功経験法による治療教育を受けた子どもたちは、成功が続いているうちはモチベーションは高く保たれてはいても、失敗すると成績が急降下してしまうといった傾向は、まったく改善されませんでした。このような実験からいえるのは、モチベーション・マネジメントとしては、成功を経験させることも大切ではあるものの、失敗したときやなかなか思うような成果が出ないときの原因帰属のスタイルに着目する必要があるということです。

3.4 自己効力感

3.4.1 結果期待と効力期待

「こうすればうまくいくはず」と思っていながら実際に動き出さない人がいます。周囲を見回すとそのような人が意外に多いのではないでしょうか。甘い物を食べるのを控えるとともに、継続的に運動をすれば、ダイエットはきっとうまくいくとわかっていても、つい甘い物を食べてしまったり、運動をしないままに日々が過ぎていく。そのようなことはけっして珍しくはないはずです。

そこでバンデューラ（1977, 1982, 1993）は、「こうすればうまくいく」という期待が直接的に行動につながるわけではないと考え、期待を結果期待と効力期待に分けました（図3-3）。結果期待とは、「こうすればうまくいく」という期待のことです。このような期待があったとしても、必ずしもその行動を取るとはかぎりません。わかっていても、それができないことがあるため、効力期待という概念が必要となるわけです。効力期待とは、自分はその行動を取ることができるという期待、すなわち自分にはできるという自信のことです。

バンデューラは、効力期待がモチベーションにとっては重要だと考え、これを自己効力感と呼びました。何らかの目標を達成するために必要な行動を取ることができるという自信が自己効力感です。

3.4.2 自己効力感がパフォーマンスを高める

自己効力感がモチベーションを高めるのであれば、それは当然パフォーマンスの向上につながるはずです。実際、禁煙行動に対する自己効力感が高い人ほ

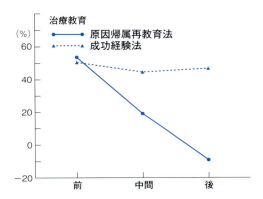

図 3-2　失敗直後の 1 分間あたりの正答数の減少率（ドゥウェック，1975）

結果期待 ……「こうすればうまくいく」という期待

> 「こうすればダイエットに成功するだろう」
> 「こうすれば禁煙に成功するはず」
> 「こうすれば資格試験に合格できるだろう」
> 　　　　　　　　　といった見込みのこと

効力期待 ……「自分はその行動を取ることができる」という期待

> 「自分にはちょっと無理かもなあ」
> 「自分はきっとできる」
> 　　　　　　　というような自信の有無のこと

図 3-3　結果期待と効力期待

たとえば，資格試験に合格するには，「毎朝 1 時間早く起きてこの問題集をマスターすればよい」（結果期待）とわかっていても，「自分にはちょっと無理かもなあ」（効力期待）と思う人はなかなかできませんが，「自分はきっとできる」（効力期待）と思う人はモチベーションをもって取り組めます。

ど禁煙に成功しているなど，健康習慣の形成や薬物等の依存からの脱却に関しても，自己効力感が成功の鍵を握ることが示されています。「自分は禁煙ができる」という自己効力感があれば，困難を伴うものであっても禁煙行動を取ろうとするモチベーションが高まり，禁煙行動を忍耐強く続けていくことができます。スポーツ競技の成績に関しても，過去の実績よりも自己効力感の方が，その後の成績の予測変数として強力であることが示されています。過去の実績のある人物が好成績を残すのは容易に想像できることですが，それ以上に「自分は速く走れるはず」「自分は遠くまで投げられるはず」といった自己効力感の方が成績に強く影響するのです。自分はできるはずという自己効力感が練習に対するモチベーションを高め，それが成果につながるのでしょう。

　このように自己効力感は，どんな領域の行動であるかにかかわらず，モチベーションを刺激し，パフォーマンスを向上させる力を持っているといえます。当然，仕事に関しても自己効力感はモチベーションを通してパフォーマンスに大きな影響を及ぼすものと考えられます。

3.4.3　自己効力感を高めるための方法

　では，どうしたら自己効力感を高めることができるのでしょうか。バンデューラ（1995）は，自己効力感を高めるための方法を4つあげています（図3-4）。

　コントロール体験，つまり自分の行動をうまくコントロールしてうまくいったという体験は，自分は成功するために必要なことは何でもできるという自信につながります。つまり，成功体験は，自分自身に効力感に対する強固な信念を生み出すことになります。反対に失敗すれば，自己効力感は低下します。

　バンデューラによれば，自己効力感を高めるには，忍耐強い努力によって障害に打ち勝つ体験が必要となります。ものごとを遂行していく上での困難やつまずきは，成功するためにはたえず努力することが必要なのだということを教える役目を果たしています。それを学んでいれば，逆境に直面しても困難に耐え，挫折からも素早く立ち直ることができます。

　こうしてみると，自己効力感を高めるには，苦しい状況を忍耐強く頑張って

1. 成功体験（直接的な成功体験）を与える
自己効力感を高めるには，苦しい状況を忍耐強く頑張ることで切り抜ける体験を積むことが必要。

2. モデリング（代理体験＝間接的な成功体験）の機会を与える
モデルはどうすればうまくいくかのヒントとなる知識やスキルを教えることで自己効力感を高めてくれるだけでなく，困難にめげずに忍耐強く対処しようとする姿勢を身をもって示してくれる。

3. 説得する
人は暗示にかかりやすく，「君ならできるはずだ」などと言われると，何だかできるような気がして，ついその行動に没頭してしまう。

4. 生理的・感情的状態を良くする（生理的高揚や肯定的な気分）
自己効力感は肯定的な気分で高まり，落胆した気分によって低下するので，心身の状態を良好に保つことが大切。

図 3-4　自己効力感を高めるための方法

切り抜ける体験を積むことが必要ということになります。成功体験を与えることが自信につながるとよくいわれますが，簡単な課題をこなすのではなく，苦しい状況を切り抜ける経験ができるような困難な課題を与えることが必要なのです。ただし，そこで苦境に負けて潰れてしまっては元も子もないので，それに成功するためのサポートも工夫する必要があります。

モデリングあるいは代理体験というのは，だれかがうまくいくのを観察することです。だれかが忍耐強く努力して成功を勝ち取るのを見ることで，自分にもできるという思いが湧いてきます。そのようなモデルは，どうすればうまくいくかのヒントとなる知識やスキルを教えてくれますが，それ以上に困難にめげずに忍耐強く対処しようとする姿勢を学ぶことが大きいといえます。

人は案外暗示にかかりやすいものです。「君ならできるはずだ」と上司や先輩から言われると，何だかできるような気がしてきます。バンデューラも，ある行動を取るように勧められ，その行動を習得する能力があると言われた人は，困難にぶち当たっても，自分の能力不足についてくよくよ考えたりせずに，その行動に没頭し続けることができるといいます。

生理的・感情的な状態も自己効力感に影響します。バンデューラによれば，自己効力感は肯定的な気分で高まり，落胆した気分によって低下します。ストレス反応や緊張を感じると，自分の遂行能力が低下しているとみなしたりします。ゆえに，自己効力感を高めるには，身体の状態を向上させ，ストレスやネガティブな感情傾向を減らすことが大切ということになります。

目標や関係性と
モチベーション

56 　　　　第４章　目標や関係性とモチベーション

4.1 目標設定の効用と問題点

4.1.1 具体的で困難な目標設定の効果

　欧米流の成果主義が取り入れられるようになり，目標による管理（MBO）が広く浸透していますが，その根拠となっているのが**目標設定理論**（ロックとレイサム，1984，2002，2006）です。これは，目標を設定することがモチベーションやパフォーマンスにどんな影響を与えるか，そして目標設定の仕方によってモチベーションやパフォーマンスにどんな影響があるかについての理論です（**表 4-1**）。

　ロックとレイサム（1984）は，多くの研究結果を踏まえ，目標の困難度と作業成績の関係について，**図 4-1** のようなモデルを提示しています。図の A の前後の斜線の部分は，目標が高くなるほど作業成績が向上していることを表しています。ただし，あるところまでいくと，どんなに努力をしてもそれ以上成果が上がらないような，能力の限界点に到達します。それが図の B の地点です。そこに至ってなお目標に少しでも近づこうと努力しているかぎり，成果は低下しませんが，あまりに目標が高すぎていくら頑張っても到達が見えてこないといった状況では，努力するのを諦めてしまうことになりかねません。それが図の C の点線部分です。

　どのような目標を設定するのがよいかという点に関しては，具体性と困難度についての研究が盛んに行われてきました。その結果，具体的で困難な目標設定が好ましいということがわかっています。すなわち，具体的で困難な目標設定をした場合の方が，曖昧な目標設定をした場合や簡単な目標設定をした場合よりもパフォーマンスが良いという結果が得られています。

　たとえば，レイサムとキン（1974）は，木材の伐採をする作業員たちを対象とした実験により，具体的で困難な目標設定の効果を証明しています。レイサムたちは，人数とこれまでの生産性が同程度であり，伐採する場所の地形や機械化の水準も同程度の伐採グループを選び，2 つのチームに分けました。一つのチームには，伐採すべき木材の本数について具体的で困難な目標を与えました。もう一つのチームには，最善を尽くしてできるだけたくさん伐採するよう

表 4-1　**目標設定の効用**（ロックとレイサム，1984）

1. 生産性を高める。
2. 仕事の質を高める。
3. 何が期待されているかを明確化する。
4. 退屈感を軽減する。
5. 達成することで成果および仕事に対する満足感が高まる。
6. 達成することで同僚や上司による承認が得られる。
7. フィードバックと承認が無意識の競争を誘発し，成果を押し上げる。
8. 仕事への自信や誇りを強める。

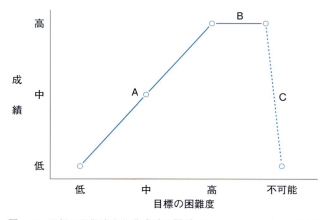

図 4-1　**目標の困難度と作業成績の関係**（ロックとレイサム，1984）

に伝えました。どちらのチームにも給料は出来高制で支払われました。両チームの成績を比べると，早くも1週間で顕著な差がみられるようになりました。すなわち，具体的で困難な目標を設定したチームの方が，生産性でも出勤率でも最善を尽くすように言われたチームを有意に上回っていたのです。このような結果について，レイサムたちは，最善を尽くせというだけだと業績を評価する尺度がないため，評価も場当たり的になりやすく，その結果，これぐらいでいいだろうという受容可能な業績レベルが人によって大きく異なるのだろうとしています。

ロックとレイサム（2002）は，少なくとも8カ国の100種類以上の仕事に関して，合わせて4万人以上を対象にした大規模調査の結果，具体的で困難な目標の設定によって業績が向上することが明らかになったといいます。

最善を尽くせというような曖昧な目標の場合は，どのくらいやればよいかという具体的基準がないため，自分に甘い人物は安易な方に流されやすいという問題があります。さらに，最善を尽くせというような具体性のない目標の場合は，評価者である上司と実行者である部下が想定する最善の水準にズレがあることも問題となります。そのため，部下の側が「こんなに頑張ったのに，なぜ評価してくれないのだ」と不満に思う一方で，上司の側も「なんでもっと本気で頑張らないんだ」と不満を抱くといった事態が生じやすいといえます。

ただし，このところ多発している企業による不祥事の多くが，困難な目標に駆り立てられることで生じているといった実態があります。具体的で困難な目標が成績向上につながるといった知見が広まることで，労働者の締めつけが行われやすいことには注意が必要です。

4.1.2 目標設定の方法

ロックとレイサム（1984）は，目標設定の鍵となる7つのステップを示しています（表4-2）。各項目をみるとなるほどと思えるかもしれませんが，これを実践する際には思わぬ落とし穴にはまる可能性があることに留意する必要があります。

たとえば，1のようにやるべき作業を職務記述表に並べあげるというのは現

表 4-2　**目標設定の方法**（ロックとレイサム，1984）

1. 課題の性質を明確化する（職務記述表を作成する）。
2. 業績がどのように測定（評価）されるかを明確化する。
3. 目標となる基準を成果の直接的測定値や行動観察尺度などによって量的に明確化する。
4. 時間的な範囲を明確化する。
5. 複数の目標がある場合は優先順位をつけ，その順位を共有する。
6. 必要なときは各目標を重要度（優先度）および困難度によって数量化し，総合評価のために重要度と困難度と目標達成度を掛け合わせた積を足し算する。
7. 目標達成に関する横の調整をする。課題が相互依存的である場合は集団目標を用いるが，その際には集団の成果に対する個人の貢献度を測定する方法を明確化する。

実的ではありません。顧客対応などで思いがけない作業や対応が求められるようなことは無数にあり，そのすべてを想定し列挙するのは不可能です。それにもかかわらず職務記述表を基準に評価がなされるなら，記述されていない作業や対応への手抜きが横行し，日常の業務に支障をきたすか，評価に関係なく責任感で動く人物に報われない負担がかかることになりかねません。

2，3のように成果を量的に図ろうとするのも流行っており，数値目標ということがよくいわれますが，営業・販売の成約数や販売量や金額のような数量化しやすい指標はよいとしても，行動のリストをチェックして得点化するような場合，リストにある行動を形式的に取り，それ以上の創意工夫はポイントにならないからしないといったことにもなりやすいでしょう。また行動観察尺度を用いるような場合は，その評価に主観が入りやすく，関係性が影響しやすいことも無視できません。

4.2 学習目標と業績目標

目標をもっているとひとくちにいっても，人によってその性質はかなり異なっています。たとえば，同じく日本の戦国時代の歴史について学ぶにしても，「日本の江戸時代から明治時代への移行期の歴史についてもっと深く理解したい」という目標をもつ場合と，「今度の日本史の試験で良い成績を取りたい」という目標をもつ場合では，学ぶことに対する姿勢がずいぶん違う感じがします。仕事でも，営業部門の人が，「商品知識や営業スキルを勉強して営業能力を高めたい」という目標をもつ場合と，「担当する商品をどんどん売って営業成績を高めたい」という目標をもつ場合とでは，仕事のモチベーションの方向がずいぶん違う感じがします。そこにあるのは，自分の熟達を重視するか，結果を重視するかの違いです。そこで参考になるのが，ドゥウェックの達成目標理論です。

ドゥウェック（1986）は，達成目標には学習目標と業績目標の2種類があるとします（図 4-2）。学習目標とは，何か新しいことを理解したり習得したりできるように自分の能力を高めようという目標のことです。一方，業績目標と

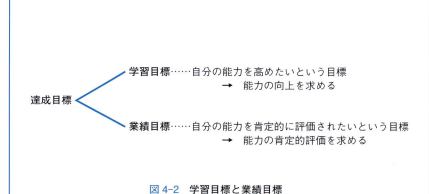

図 4-2　学習目標と業績目標

は，自分の能力を肯定的に評価されたい，あるいは否定的な評価を免れたいという目標のことです。いわば，学習目標をもつタイプは，自分の能力向上や成長を求め，業績目標をもつタイプは自分の能力の評価にこだわるといえます。

どちらの目標をもつタイプかによって，失敗に対する反応が大きく異なってきます。能力への肯定的な評価を求め否定的な評価を避けようという業績目標タイプは，とくに自分の能力にあまり自信がない場合，さらなる失敗を恐れて易しい課題を選んだり，逆に失敗してもダメージにならないような難しい課題をわざと選んだりしがちです。このように業績目標をもつことは防衛的な行動につながりやすいといえます。それに対して，学習目標をもつ場合は，能力に自信があってもなくても，熟達志向の行動が取れます。つまり，困難な事態でも，それを学習の機会ととらえて，失敗を怖れずに積極的にチャレンジし，粘り続けることができます（コラム4-1）。

4.3　人事評価で用いられる次元

モチベーションに深くかかわる要因の一つに人事評価があります。正当に評価されていると思えばモチベーションが上がりますが，正当に評価してもらえないと思うと当然のことながらモチベーションは大きく低下します。そこで重要となるのが人事評価の方法です。

人事評価においては，かつては年功序列が重視されていましたが，欧米の影響のもと，しだいに能力主義に重きが置かれるようになり，さらには欧米流の成果主義も導入されるようになってきました。ただし，成果ばかりが重視されると，直接的な成果につながりにくい仕事をないがしろにする傾向が強まったり，能力が高くても直接的成果につながらない仕事をしていると高い評価が得られなかったり，仕事の量的側面ばかりを追求するあまり質の低下が起こったり，成果として算出しやすいようにあまり意味のない行動リストが作成されるなど，さまざまな弊害が懸念されます。したがって，能力や行動，そして成果を総合的に評価する必要があります。

そこで参考になるのは，ヴィスウェスヴェランたち（2005）による人事評価

コラム4-1　達成目標にみる接近傾向と回避傾向

　エリオットたちは，古典的な達成動機研究では目標への接近傾向と回避傾向の両面からとらえようとしていたのに対して，近年の達成目標理論では接近傾向のみが扱われていることに疑問を呈し，業績目標を接近－回避の軸で分類することを提案しました（エリオット，1999；エリオットたち，1996，1997，1999）。

　つまり，達成目標を学習目標と業績目標に分けるだけでなく，後者をさらに業績接近目標と業績回避目標に分けようというのです。同じく業績目標でも，肯定的評価を得たいという動機が強いのが業績接近目標，否定的評価を避けたいという動機が強いのが業績回避目標ということになります。

　接近傾向は成功期待，回避傾向は失敗懸念と関係していると考えられますが，さまざまな研究の結果，学習目標や業績接近目標をもつタイプは成功期待が強く，業績回避目標をもつタイプは失敗懸念が強いといえそうです。

　後者の場合，自分の価値が傷つくのを守るため，あえて努力を差し控える傾向も指摘されています（エリオットとチャーチ，2003）。無能さを露呈させないためには，失敗を避けることが必要となり，あえて努力しないという戦略が使われます。「本気を出してないだけ」ということで自己防衛を図るのです。

の次元についての研究です。そこでは，人事評価の次元として，能力や行動の
みならず成果も含めた9つに整理されています（表4-3）。この中の質や生産
性が成果に関する評価に相当しますが，さまざまな能力の次元も含まれ，努力
や態度の次元も含まれています。

　ただし，評価次元を明確化し，評価基準を細分化することで，あたかも客観
的評価をしているかのような錯覚に陥らないように注意する必要があります。
このような懸念に対して，客観的に測定可能な基準をつくればよいといった主
張がなされることもありますが，それによって大事な側面が切り捨てられてし
まう恐れがあります。認知心理学者ブルーナーが，晩年になり，「『計算する』
ということが心のモデルとなり，『意味』という概念の位置にとって代わって
『計算可能性』という概念が出現したのである」（ブルーナー，1990）と述べ，
計算可能性にとらわれるあまり人間にとって最も重要な意味の次元を見失って
しまったとして，認知心理学を批判しています。榎本（2008a，b）は，それ
を踏まえて意味の次元をとらえる自己物語の心理学を提唱しています。人事評
価においても，測定可能性にとらわれるあまり，無理に数値化しようとするこ
とで仕事の質の部分を切り捨てないように注意が必要です。

4.4　期待することの効果

　期待することの効果は，ピグマリオン効果として広く知られていますが，こ
れはモチベーションにも大いにかかわる要因といえます。**ピグマリオン効果**と
は，期待する方向に相手が変わっていくことを指します。元々は，ローゼン
タールとジェイコブソン（1968）が小学校を舞台に行った実験で，「この生徒
たちは知能が高いからこれからぐんぐん伸びるはず」と信じ込んだ教師たちの
期待の視線を感じ，その生徒たちの成績が実際に他の生徒たちよりも伸びたこ
とに対して，ピグマリオン効果と名づけたことに発します。実際は，知能テス
トに関係なく，ランダムサンプリングで選ばれた生徒たちであったにもかかわ
らず，知能が高いと信じ込まされた教師たちの期待ゆえに，ほんとうに伸びて
しまったのです。

表 4-3　仕事上の評価の次元 （ヴィスウェスヴェランたち，2005）

1. **対人関係能力**……人と協調して働く能力。顧客と良好な関係を保ったり，同僚と協力関係を築く能力。
2. **運営能力**……職場のさまざまな役割を調整し管理する能力。仕事のスケジュールを管理したり，部下を適切に配置し，効果的に仕事の役割を割り振る能力。
3. **質**……仕事におけるエラーの少なさ，正確さ，完成度，浪費。
4. **生産性**……仕事の量的側面。生産量や販売量。
5. **努力**……良い仕事をしようと格闘した努力量。自発性，熱意，勤勉さ，持続性など。
6. **職務知識**……仕事に必要な知識や最新の知識の量。専門的知識や最新の知識をもつ人を知っていること。
7. **リーダーシップ**……他者のモチベーションを高め，高いパフォーマンスを引き出す能力。
8. **権威の受容**……組織や職場のルールを遵守し，上司に対して肯定的な態度をもち，組織の規範や文化に従い，不平を言わない態度。
9. **コミュニケーション能力**……情報を収集したり伝達したりする能力（口頭でも文書でも）。

それにヒントを得たリビングストン（1969）は，**ピグマリオン・マネジメント**を唱えています（**コラム 4-2**）。リビングストンは，管理職の期待が部下や部署のパフォーマンスに与える影響に関する事例により，つぎのような事実が明らかになったとします。

1. 管理職が部下に何を期待し，またどのように扱うかによって，部下の業績と将来の昇進がほとんど決まってしまう。

2. 優れた管理職の特徴とは，「高い業績を達成できる」という期待感を部下に抱かせる能力をもっていることである。

3. 無能な管理職は，このような期待感を植えつけることができず，その結果，部下の生産性も向上しない。

4. 部下は部下で，自分に期待されていると感じていることしかやらない傾向が強い。

バリューとホール（1964）は，AT & T の現業部門で働く幹部候補生として採用されたマネジャー・クラスの社員 49 人の昇進のスピードについて 5 年間の追跡調査を行っています。その結果，初年度に会社から期待されたことと 5 年後の昇進との相関は 0.72 となり，両者の間に非常に強い関係があることがわかりました。すなわち，その後の昇進スピードを左右する最も重要な要因は，当初の会社側による各人への期待度の大きさだったのです。そこでバリューとホールは，つぎのように結論づけています。

「最初の一年間に何か重大なことが起こっている。（中略）この重大な一年目に，会社の高い期待に応えようとすることは，積極的な執務態度や高い目標水準を内面化することにつながる」

「増大する一方の期待に応えていくにつれて，会社への貢献度も高まっていく。カギは（中略）一年目が重要な学習期だという考え方であり，この時期を逃したら，新人社員を期待する方向に教育したり，あるいは変身させたりすることができない」

（リビングストン，1969）

コラム4-2　ピグマリオン・マネジメントの実際

　メトロポリタン生命のロッカウェイ支社長アルフレッド・オーバーランダーによって実施された実験では，営業職員の成績を調べて，最も優秀な営業職員を集めて，最も優秀なアシスタント・マネジャーのもとに配属した。彼らは，スーパー・スタッフと呼ばれた。平均的な営業職員は，平均的なアシスタント・マネジャーのもとに配属した。成績の悪い営業職員は，実力の劣るアシスタント・マネジャーのもとに配属した。

　すると，スーパー・スタッフは予想以上の営業成績をあげた。だが，意外なことに，平均的なグループが期待以上の業績を上げたのであった。その平均的グループのアシスタント・マネジャーは，自分たちがスーパー・スタッフに劣ると思いたくなかったのか，営業職員たちとの打ち合わせの際に，「このグループのメンバーはみんなスーパースタッフのメンバーよりも優れた潜在能力を持っているんだ。ただ保険営業の経験が不足しているだけなのだ」（リビングストン　DIAMONDハーバード・ビジネス・レビュー編集部編・訳『ピグマリオン・マネジメント』ダイヤモンド社）と力説し，「スーパー・スタッフを打ち負かすことに挑戦してほしい」とハッパをかけた。

　その結果，平均的なグループの労働生産性の増加率はスーパー・スタッフのそれを上回ったのだった。

（榎本博明『モチベーション・マネジメント』産業能率大学出版社）

4.5 モチベーションを左右する関係性

4.5.1 目標設定においても関係性が重要

　目標によるマネジメントというものが日本でも広まってきています。目標の設定に際しては，一方的に目標を与えるのでなく本人と話し合って目標を設定することでモチベーションが高まるといわれたりしますが，目標設定に関しても日本では関係性が重要となります。

　イェンガーとレッパー（1999）は，7〜9歳のアングロ系アメリカ人とアジア系アメリカ人の子どもを「自己選択条件」「実験者選択条件」「母親選択条件」の3つのグループに分けて，バラバラの文字から意味のある言葉をつくっていくアナグラム課題をやらせました。アナグラム課題は，動物，パーティ，サンフランシスコ，家族，家，食べ物という6つのジャンルのものが用意されました。その際，自己選択条件の子どもたちには，それぞれ自分でやりたいジャンルの課題を選択させました。実験者選択条件の子どもたちには，やるべき課題を実験者が選んで与えました。母親選択条件の子どもたちには，それぞれの子どもの母親が選んだということにして，実際には実験者が選んだ課題を与えました。

　自己決定理論にしたがえば，自己選択条件のときにモチベーションが最も高く，人から一方的に与えられたときにはモチベーションは低いことになります。結果をみると，アングロ系とアジア系で非常に異なる傾向がみられました。

　正解の数をみると，アングロ系では，自己選択条件のときに最も成績が良く，実験者選択条件や母親選択条件のときの成績を有意に上回りました。自己選択条件以外では，実験者が選ぼうが母親が選ぼうが，何の影響もありませんでした。それに対して，アジア系では，母親選択条件のときに最も成績が良く，自己選択条件や実験者選択条件のときの成績を有意に上回りました。さらに，自己選択条件のときの方が実験者選択条件のときよりも有意に成績が良いことが示されました。このように，アングロ系では自己選択がパフォーマンスを最も高めますが，アジア系では母親選択がパフォーマンスを最も高めることがわかりました（図4-3）。

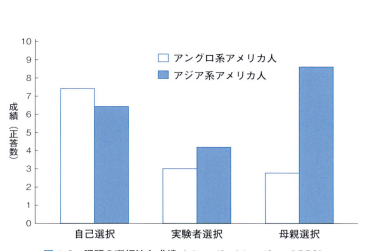

図 4-3　課題の選択法と成績（イェンガーとレッパー，1999）

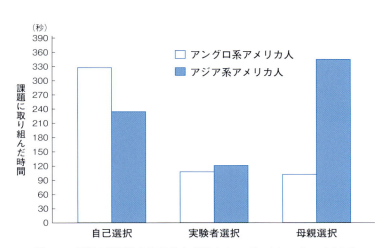

図 4-4　課題の選択法と取り組み時間（イェンガーとレッパー，1994）

モチベーションの指標として，イェンガーとレッパーは，自由時間中にアナグラム課題に自発的に取り組んでいる時間を用いています。その結果，アングロ系では，自己選択条件のときに他の2つの条件のときより有意に長かったのに対して，アジア系では，母親選択条件のときに他の2つの条件のときより有意に長いというように，対照的な傾向がみられました（図4-4）。費やす時間は，内発的なモチベーションの指標といえるため，アングロ系では自己選択条件のときに最もモチベーションが高まり，アジア系では母親選択条件のときに最もモチベーションが高まるといってよいでしょう。このような結果は，自己決定がモチベーションを高めるという理論がアジア人には当てはまらないことを示唆するものといえます。

4.5.2 関係性が重視される社会のモチベーション

関係性が重視される日本社会では，働くモチベーションにも関係性が深くかかわっていると考えられます。間柄の文化で自己形成してきた私たち日本人は，自分の都合によって動くというよりも，相手の気持ちや立場に想像力を働かせ，相手の期待に応えるべく行動する，相手の期待をできるだけ裏切らないように行動するといった傾向があります。しつけと教育に関する日米の比較研究を長年にわたって行ってきた東　洋（1994）も，日本的な意欲は，周囲の人たち，とくに強い相互依存で結ばれた身近な人たちの期待を感じ取り，それを自分自身の中に内面化したものが原動力となる傾向が顕著であると指摘しています。

20歳の男女を5年間にわたって追跡した佐野正彦たちの調査によれば，仕事へのモチベーションに影響する要因は，ふつうに考えれば切実かつ基本的な労働条件と思われる「労働時間」や「賃金」ではなく，「職場の人間関係の良好さ」「顧客に喜んでもらえること」などだったといいます（佐野，2017；表4-4）。

このように，日本人には自分のためというより人のため，自分にとって大事な人や身近な人たちのために頑張るという傾向があります。そうなるとモチベーション・マネジメントにおいても，職場の人間関係を良好に保つことが非常に重要になってきます。

4.5 モチベーションを左右する関係性

表4-4 佐野たちの調査結果（佐野，2017）

独立変数	従属変数	仕事にやりがいを感じる		仕事の上での責任が重すぎる		職場には若者を使い捨てにする雰囲気がある		仕事にかかわるストレスや不安が大きい	
		B	有意確率	B	有意確率	B	有意確率	B	有意確率
閾値	あまりあてはまらない	3.983*		.778		.316		−4.911**	
	ややあてはまる	7.465***		3.944**		3.317*		−1.936	
	とてもあてはまる	11.203***		6.502***		5.897***		.780	
	（R＝ほとんどあてはまらない）								
個人属性	女性ダミー	.205		−.081		−.144		−.075	
	（R 男性）								
	移行類型　早期非正規	.795		.048		−.093		.211	
	早期正規	−.316		.259		−.129		.119	
	後期非正規	.195		−0.60		.380		.152	
	（R＝後期正規）								
職場環境	職場の人間関係が良好である	.613**		−.113		−.464*		−.673**	
	上司はよく面倒を見てくれる	.541**		−.088		−.361†		−.430**	
	職場の先輩・同僚は自分の仕事を手助けしてくれる	.040		−.068		−.640**		−.088	
	自分で判断し決定することが必要な，大きい責任や自律性	.341†		.872***		.081		.632***	
	職場全体の仕事のやり方に自分の意見を反映させることができる	.276†		−.178		.091		−.097	
	単調な繰り返しの仕事が多い	−.235†		.166		.289*		.089	
	長期の教育・訓練と経験を必要とする特定分野の専門的な知識や技術	.291*		.273*		.061		−.034	
	自分の考えや分析したことをまとめ，プレゼンテーションすること	.451**		.104		−.162		−.063	
	お客さんや利用者に喜んでもらえる	.929***		−.006		−.072		−.153	
	職業能力を向上させる機会がない	−.567**		−.091		.794***		.032	
	雇用が不安定である	−.149		.137		.894***		.319*	
	賃金に満足している	.238		−.248†		−.004		−.298*	
	有給休暇を認められにくい	.043		.186†		.640***		.435***	
	残業に対し手当が適切に支給されている	−.039		.010		−.096		−.122	
労働条件	労働時間	.008		−.001		−.001		.015†	
	賃　金	.018		.210†		.122		.148	
	職場規模9人以下	.814†		−.806†		−.898†		−1.707***	
	10-99	−.063		.050		−.658†		−.559†	
	100-499	−.058		−.177		−.197		−.236	
	（R＝500以上＋官公庁）								
	産業セクター　専門サービス（教育・福祉・行政・その他）	.446		.507†		−.176		.185	
	ニュー・サービス（金融・不動産・マスコミ・通信）	−.376		.973*		.124		.669†	
	販売・接客（卸売・小売・飲食・宿泊）	−.094		.326		.106		−.286	
	（R＝建設・製造・運輸・エネルギー）								
	ケース数	380		380		379		379	
	−2対数尤度	593.337		763.197		606.962		734.213	
	カイ2乗	262.236		117.761		221.318		173.114	
	擬似R^2乗（Nagelkerke）	0.558		0.295		0.498		0.404	

注：有意確率は，***$p < 0.001$，**$p < 0.01$，*$p < 0.05$，†$p < 0.1$。

若者のキャリア形成の問題と
キャリア教育

5.1 キャリア教育が必要とされる背景

5.1.1 キャリア形成の問題の背後に潜む人格発達の要因

キャリア形成に関しては，近年わが国においてもフリーターやニートの急増が社会問題化し，学校を卒業する時期になってもどんな職業に就くか決めることができない職業未決定や進路不決断，就職そのものの覚悟ができない就職不安・就職恐怖，職業に就くために求められる能力などについての心理学的研究が進められています。進路が決められない，就職できない，就職しても定着できないといった問題の背後には，仕事力そのものの問題だけでなく，人格発達の問題があります。たとえば，自分が何に向いているのかわからない，自分に何ができるかがわからない，自分が何をやりたいのかもわからないといった問題や，働いている自分がイメージできない，就職するのが不安，もっと自由な立場を保っていたい，やりたいことと能力や収入との折り合いがつけられないなど，就職することに対する自覚の問題も深く絡んでいるといえます。

就職に関わる動機の問題については，安達（1998）が就業動機尺度を作成しています。そこでは，就業動機は，未入職者が未来の仕事状況に関連してもつ動機，もしくは将来携わる職業的場面を想定した動機と定義され，図5-1のような4つの下位尺度によってとらえられています。就職に至る心理的プロセスに関しては，テイラーとベッツ（1983）が，進路選択過程で必要となる自己評価，職業情報収集，目標設定，計画，問題解決の5領域の活動を測定するCDMSE尺度を開発しています。この尺度が進路探索行動，進路決定や進路不決断・職業未決定と関連することは，さまざまな研究者により実証データが提示されています（安達，2001；ベッツとヴォイテン，1977；テイラーとポプマ，1990；浦上，1995）。

進路・職業決定には，アイデンティティを核とした人格発達の要因が深く絡んでいると考えられます。キャリア教育の領域においても，単なる職業とのマッチングから選択する人の生き方へと関心の比重が移るに連れて，キャリア・ディベロップメントの訳語もキャリア開発からキャリア発達へと変遷を遂げ（金井，2003），キャリア概念は職業そのものをさすのでなく個人の生涯に

1. **挑戦志向動機**……困難な作業を自らの力でやり遂げようとする傾向。

2. **対人志向動機**……仕事を通じた人との接触を重要視する傾向。

3. **上位志向動機**……仕事場面において社会的地位や名声を得ようという動機。

4. **探索志向動機**……職業への関心，積極的な職業探索，知識や技術の会得に関する動機。

図 5-1　就業動機の 4 つの因子（安達，1998）

わたる人生全体をさすものへと拡大されてきています（三木，2005；渡辺と
ハー，1998）。したがって，職業選択という行為そのものに焦点を当てるので
はなく，職業選択に代表される自分を社会につなぎ活かしていく行動に能動
的・意欲的に乗り出していけるという意味でのアイデンティティ形成に深く根
ざしたキャリア発達を検討することの必要性が高まっています。

5.1.2 キャリア形成力の6因子

　そこで榎本（2006，2014）は，広義におけるキャリア発達の問題を検討する
ための道具として6因子からなる**キャリア形成力尺度**を開発しました（**表
5-1**）。ここでいう広義のキャリア発達とは，就職情報収集力や自分の適性把
握力など職業選択そのものを直接的に後押しする能力の発達ではなく，職業選
択や就職といった行動に前向きに取り組んでいくためのレディネス，すなわち
心の準備状態の発達を指します。職業生活という新たな生活の場に向けて自分
を押し出し，そこに居場所を築いていくのがキャリア形成であるとすると，未
知の状況においても挑戦する傾向や達成動機など積極性をもつこと，過去の受
容や未来展望など今を肯定的に位置づけることができること，情報収集やサ
ポートを得ることにつながるネットワーク力などがその基礎となっていると考
えられます。ゆえに，職業選択行動に直接つながる自己効力感や達成動機など
の他に，過去の受容や未来への信頼も考慮することとしました。それは，キャ
リア形成力の発達をアイデンティティ発達という広い文脈のもとでとらえるた
めです。エリクソン（1959）も大人になるとは過去の回想も未来の展望も含め
た一貫した流れの中で自分の人生を見ることができるということであるとして
いるように，アイデンティティ発達は過去の受容や未来の展望と深く関わって
いるといえます。

　キャリア形成力尺度の6つの因子尺度得点および合計得点と進路不決断尺度
の8つの因子尺度得点との相関をみると，「未知への不安」因子が進路不決断
8因子すべてとの間に.30前後～.50前後の有意相関を示し，「構想力」因子と
「未来への信頼」因子も進路不決断8因子中4因子との間に.30前後～.50前後
の有意相関を示しました（**表5-2**）。キャリア形成力の6つの因子尺度得点と

表 5-1　キャリア形成力尺度の 6 つの因子（榎本，2006）

1. **未知への不安**……不確定な要素があると不安になり新たな状況に身を置くのを躊躇する性質。
2. **構想力**……何になりたいかを基本に，何ができるかを考慮して，今何をすべきかを具体化できる性質。
3. **自分の未来への信頼**……自分の未来に対して肯定的な展望がもてる性質。
4. **達成動機**……ものごとを成し遂げようとする積極的な構え。
5. **自分の過去の受容**……肯定的な経験も否定的な経験も含めて，自分の過去をそのままに受け入れることができる性質。
6. **ネットワーク力**……人とのつながりをつけたり，それを維持・強化したり，情報に有効にアクセスするなど，必要なネットワークを形成・維持して有効に利用することができる性質。

表 5-2　キャリア形成力と職業不決断の相関（榎本，2014）

	職業決定不安	職業選択葛藤	職業相談希求	職業障害不安	職業外的統制	職業情報不安	職業モラトリアム	職業準備不安
未知への不安	$-.47^{***}$	$-.24^{**}$	$-.28^{***}$	$-.39^{***}$	$-.42^{***}$	$-.42^{***}$	$-.34^{***}$	$-.28^{***}$
構想力	$-.29^{***}$	$-.02$	$.04$	$.11$	$-.10$	$-.54^{***}$	$-.36^{***}$	$.30^{***}$
未来への信頼	$-.19^{*}$	$.00$	$.14$	$.02$	$-.08$	$-.40^{***}$	$-.39^{***}$	$.24^{**}$
達成動機	$.15$	$.12$	$.19^{*}$	$.06$	$-.01$	$.03$	$-.31^{***}$	$.16$
過去の受容	$-.18^{*}$	$.02$	$.07$	$-.16^{*}$	$-.03$	$-.13$	$-.13$	$-.12$
ネットワーク力	$-.05$	$.12$	$.09$	$.01$	$.03$	$-.13$	$-.15$	$-.04$
計	$-.26^{**}$	$-.01$	$.10$	$-.07$	$-.15$	$-.43^{***}$	$-.43^{***}$	$.12$

$^{*}p < .05$，$^{**}p < .01$，$^{***}p < .001$，$N = 151$。

成人キャリア成熟尺度の3つの因子尺度得点との相関は，すべてが.30前後
～.60前後の有意相関となりました（**表 5-3**）。

5.2　キャリア教育の歴史と動向

5.2.1　キャリア教育の目的はキャリア発達の促進

　キャリア教育の必要性は，1970年代のアメリカで唱えられ始めましたが，
その背景には，フリーターの増加，若年労働者の離職率の上昇，若者の労働観
の変質といった1960年代後半の社会状況がありました。これは，現在の日本
の状況に酷似しています。

　岡田と金井（2006）は，キャリア発達の概念に対して歴史的な検討を行って
います（**図 5-2**）。それによれば，スーパー（1957，1984）は，キャリアの概
念を「自己発達の全体の中で，労働への個人の関与として表現される職業と，
人生の他の役割との連鎖」であるとし，キャリア発達を「前進する1つの過
程」としてとらえ，生涯にわたって繰り返される「選択と適応の連鎖の過程」
であることを強調し，就職，人事異動，転職，失業など人生の中で何度も遭遇
する移行期において「主体的な選択と意思決定を繰り返すことによって人は生
涯発達し続ける」としています。シャイン（1978，1990）は，キャリア発達に
関して，個人と個人を取り巻く環境との関係から「自己発達への関わり合い」
「仕事への関わり合い」「家族関係への関わり合い」という3つのサイクルが相
互に影響し合ってキャリアが形成されるとしています。ハーとクレイマー
（1996）は，「キャリア発達は，職業行動に関する長期的な変化と構造の両面か
ら規定される」とし，個人が一つひとつの仕事に継続的に取り組むこと，およ
び仕事上の役割を果たしていくことによってもたらされる職業行動の変化が，
キャリア発達に影響を与えることを示しています。さらにホール（2002）は，
「キャリア発達はプロセスであり，仕事へのチャレンジや継続的な学習によっ
て促進され，生涯を通じた仕事の継続と役割に関する経験の連続によって，自
分の価値・興味・能力に気づき，過去と現在と将来の自己概念が統合されてい
くことである」と述べ，仕事への取組みとキャリア発達との関係を論じていま

表 5-3　キャリア形成力と人生キャリア成熟度の相関
（榎本，2014）

	人生キャリア関心度	人生キャリア自律性	人生キャリア計画性
未知への不安	.34 ***	.35 ***	.39 ***
構想力	.44 ***	.56 ***	.49 ***
未来への信頼	.47 ***	.55 ***	.53 ***
達成動機	.40 ***	.38 ***	.43 ***
過去の受容	.40 ***	.31 ***	.30 ***
ネットワーク力	.24 **	.26 ***	.27 ***
計	.61 ***	.64 ***	.64 ***

$**p < .01$, $***p < .001$, $N = 151$。

【スーパー（1957，1984）】
- キャリア……自己発達の全体の中で，労働への個人の関与として表現される職業と，人生の他の役割との連鎖。
- キャリア発達……前進する1つの過程であり，生涯にわたって繰り返される選択と適応の連鎖の過程。

【シャイン（1978，1990）】
- キャリア発達……個人と個人を取り巻く環境との関係から「自己発達への関わり合い」「仕事への関わり合い」「家族関係への関わり合い」という3つのサイクルが相互に影響し合ってキャリアが形成される。

【ハーとクレイマー（1996）】
- キャリア発達……個人が一つひとつの仕事に継続的に取り組むこと，および仕事上の役割を果たしていくことによってもたらされる職業行動の変化が，キャリア発達に影響を与える。

【ホール（2002）】
- キャリア発達……仕事へのチャレンジや継続的な学習によって促進され，生涯を通じた仕事の継続と役割に関する経験の連続によって，自分の価値・興味・能力に気づき，過去と現在と将来の自己概念が統合されていくことである。

図 5-2　キャリア発達のとらえ方

す。

このように，キャリア発達のとらえ方としては，単なる職業選択にかぎらず，職業と密接に関係する人間関係や家族関係，学びの姿勢や価値観・人生観など広義にとらえるようになってきています。

5.2.2 職業相談からキャリアガイダンスへ

図 5-3 のアメリカにおける移行の動きについて，渡辺とハー（1998）およびハー（2001）をもとに以下にたどってみることにします。

職業ガイダンス，キャリアガイダンス，キャリアカウンセリングの中で最初に登場したのが職業ガイダンスでした。職業ガイダンスは，初期においては，「何を選択すべきか」に焦点を当て，特性因子論的視点に立って，各職業の特徴やそれを遂行するのに必要な条件と個人の特徴を結合させることを目標とした活動であり，その中心的課題は，いわゆる人と職業のマッチングでした。全米職業指導協会（NVGA）の 1937 年から 1951 年の職業ガイダンスの定義は，「個人が具体的な職業を選び，そのために準備し，実際に就職し，そこで進歩発展するのを援助する過程」というものでした。

その後，職業ガイダンスのモデルとして「キャリアモデル」が紹介され，キャリアガイダンスという用語が導入されました。NGVA は 1951 年には，キャリアガイダンスを「個人が自己自身と，労働界における自己の役割について統合された明確な像を発達させ，それを受け入れ，現実照査し，さらに，自己と社会の双方にとって満足できるような形で現実化するのを援助する過程である」と定義し直しました（スーパー，1951）。キャリアモデルとは，職業ではなく，「選ぶ人」に焦点を当てるモデルであり，労働役割とその生活役割とを統合することを強調し，単に職業の選択ではなくもっと広く，生活スタイルの選択に焦点を当てるモデルです（ハンセン，1981）。キャリアガイダンスという用語はこのようなパラダイムシフトを意味します。

5.2.3 キャリアガイダンスからキャリアカウンセリングへ

さらにその後，キャリアガイダンスという語は，「個々人のキャリア発達と

1. 従来の職業カウンセリング（職業相談）とほぼ同意語として用いられる。
2. キャリアガイダンス（進路指導）とほぼ同意語として用いられる。
3. 「セラピィ（心理治療）ではないカウンセリング」を強調し，キャリアに関する個別援助を指す（治療ではなく情報提供や助言を主とした援助）。
4. 個人のキャリア形成に関わる個別の面接を意味する。
5. 職業カウンセリングとの違いを明確にして，職業問題を取り扱う新たなカウンセリングとみる。

図 5-3　キャリアカウンセリングという用語の用いられ方（渡辺・ハー，1998）

1. カウンセリングは，個人が「外的環境との相互作用」のなかで経験することすべてを対象としており，たとえば知覚，不安，情報不足，ワークパーソナリティ，能力，動機などがその具体的内容であるとみる。
2. キャリアカウンセリングは単一の過程ではないという考え方，すなわち，カウンセラーによる種々の介入行動を要約するものとみなす。
3. キャリアカウンセリングは，もはや，青年に初職の賢明な選択を保証することを第一義的目的とする過程とはとられておらず，キャリア発達の過程において援助を必要とする人々すべてを対象とするものとみなす。
4. キャリアカウンセリングは「選択行動への望ましい介入過程」として認識されており，キャリアガイダンス，諸訓練，経済的助成，心理的サポート，情報の確保と評価等を含む総合的介入プログラムの1つであるとみなす。
5. キャリアカウンセリングを一連の介入過程としてとらえる考え方が最も現実に適しているかもしれないという立場をとるが，一連の過程とは，自己への気づきと職業への気づきを促すことから始まって，可能性の探索，キャリア計画，スキルの学習，そしてストレスや怒り感情のマネジメント，不決定や職業不適応のような問題の解決等，キャリアカウンセリングと心理的カウンセリングの融合を必要とするような問題の解決にまで続く過程であるという見解。

図 5-4　キャリアカウンセリングにみられる共通点（ハー，1997）

キャリアマネジメントにとって重要な知識とスキルを明らかにし，かつ個々人がそれらを獲得するのを促進するように計画された，情報と体験を統合する体系的なプログラム」としてとらえられるようになってきています（ハーとクレイマー，1992）。ここにみられるのが，キャリアガイダンスから**キャリアカウンセリング**へという，さらなる移行の動きです。ハー（1997）によれば，アメリカにおいて両者は1970年くらいまでは漠然と1つのものとしてみなされていました。しかし現在では，キャリアガイダンスは，クライエントと，カウンセラーあるいはガイダンススペシャリストとの1対1の相互関係を越え，それ以外の様々な活動を統合したプログラムを指し，キャリアカウンセリングは，そのプログラムの中の一援助過程に位置づけられている場合が多いようです。すなわち，キャリアガイダンスは，職業生活への適応を促進する様々な介入行動を包括するプログラムと定義されています。

　ハー（1997）は，キャリアカウンセリングにみられる共通点を**図 5-4** のように5つにまとめています。そのようなキャリアカウンセリングのあり方に関して，渡辺とハー（1998）は，日本とアメリカでは大きな違いがあるとし，日米の相違を**図 5-5** のように5つに要約しています。

　日本では，キャリアカウンセリングの心理学的専門性に対する認識が希薄であり，心理カウンセリング的要素が軽視され，かつての職業ガイダンスの域を出ていないといった面があります。渡辺とハー（1998）は，日本のキャリアカウンセリングの進展のための提言として，つぎの4点を掲げていますが，未だにこれらは課題として残されています。

1. キャリアカウンセリングの概念の明確化。
2. キャリアモデルに基づくキャリアカウンセリングを実行するために，「選ぶ人」に焦点を当てる意味と，それを実践できるようになるために必要なカウンセラーの態度と能力を明確にし，それを習得できるようになる教育を実行する努力。
3. 心理的・治療的カウンセリングとの融合を図ること。
4. キャリアカウンセラーの教育訓練のあり方。

　とくに，心理カウンセリングの手法を取り入れたキャリア支援のあり方を構

1. **心理治療とか治療的カウンセリングとキャリアカウンセリングとの関係に対する態度にみられる相違**
日本ではキャリアカウンセリングという語を使うとき，意識的に治療的でないことを強調し，両者を区別する傾向があるのに対して，アメリカではむしろ両者を融合させるべきであるという立場が優勢である。

2. **ガイダンスとの関係にみられる相違**
アメリカではキャリアカウンセリングはキャリアガイダンスプログラムの中の一つとみなされており，ガイダンスもカウンセリング同様カウンセラーが行う行為とみなされているが，日本では両者を区別をするのかどうかさえ曖昧である。

3. **キャリアモデルへの移行の明確化にみられる相違**
日本では「生涯にわたるもの」ととらえる部分だけが中心であり，カウンセラーの行動の方向性が職業から「選ぶ人」へと転換した部分については専門家間でもあまり強調されていないため，カウンセリング能力がいかに必要であるかは理解されていない。

4. **「キャリアカウンセリングの実践内容の多様性」の解釈にみられる相違**
アメリカではキャリアカウンセリングは，ガイダンス，上司による面談，専門家による面接などと同じ意味では決して使われないし，ましてや助言や情報提供することがキャリアカウンセリングの際だった特徴などとは考えないが，日本ではそのような区別が行われていない。

5. **担当者の専門性にみられる相違**
日本ではキャリアカウンセリングにはカウンセラーとしての専門教育がいらないかのように誤解されている。

図 5-5　キャリアカウンセリングのあり方の日米の相違

84　　第5章　若者のキャリア形成の問題とキャリア教育

築し，そのための教育訓練を行っていく必要があります。

5.3　現行のキャリア教育の弊害

　職業不決断や早期離職をもたらす心理的要因として，好きなことを仕事にしなければならないといった発想があるのではないでしょうか。仕事というのはお金をもらう手段であり，好きなことをしているだけで足りるわけがなく，理不尽な目にあっても，頑張っても成果が出ないときも，同じことの繰返しに嫌気がさすときも，生きていくためには何とか粘るしかありません。そこで障害となるのが，「好きなことを仕事にすべき」といった発想です。ところが，キャリア教育においてそうした発想を植えつけられる時代になっています。そのため，就職する際になかなか折り合いをつけるのが難しく，就職しても「こんなはずじゃなかった」「これは自分が好きな仕事じゃない」と不満をもつことになりがちです。キャリア教育では，「好きな仕事を見つけるように」と言われるだけでなく，「仕事で叶えたい夢をもつように」と言われたりします。「仕事で活躍すべき」「仕事で輝くべき」といったメッセージが，それを後押しします。

　榎本が『「やりたい仕事」病』においてキャリア教育で盛んに行われている「好きなこと探し」の弊害を指摘したのが 2012 年のことでしたが，未だに「好きなことを探し，そこからやりたい仕事を見つけよう」といったキャリア教育が行われています。そのような教育を受けながら，キャリアデザインや好きなこと探しに苦しんだり，疑問を抱いたりしている学生も少なくありません。実際に大学でキャリア教育を受けている学生たちの反応をみてみましょう（コラム 5-1）。

　先の読めない時代には，将来のキャリアをデザインするよりも，思いがけない出来事や状況への対応力を高めることの方が重要になります。将来の役に立つかどうかを気にする傾向もみられますが，将来何が役に立つかなどわからないし，先のことばかり考えていては，目の前の課題に没頭することによって得られるはずの熟達や成長のチャンスを逃すことになりかねません。もう少し地

コラム 5-1 キャリア教育の「好きなこと探し」に対する学生の反応

「私は，やりたいこともないし，これをしたいという仕事もないし，周りの人たちがこういう仕事がやりたいってはっきり言っているのを見て，やりたいことがない自分はおかしいのかと思い，自信をなくしていました。こんなことでは就職なんてできるわけないと思って，落ち込みがちでした。今日の授業でやりたい仕事がなくてもいいと聞いて，ちょっと安心しました。自信喪失から脱出できそうな気になれました。」

「キャリア教育の授業では，「好きな仕事」を探すように言われ，そのために何を準備したらよいかを考えるように言われます。でも，私もそうだし，「好きな仕事を見つけなければいけない」ということが負担になり，身動き取れなくなっている友だちが何人もいます。」

「私は，好きなことを仕事にしないといけないと思っていました。それなのに，やりたい仕事が思い浮かばず，将来の自分の姿を想像することができなくて，落ち込んでいました。でも，今日この授業を受けて大切なことに気づきました。じつは，就職 1 年目で「やっぱり好きな仕事じゃなかった」といって辞めてしまった先輩のことが頭に引っかかっていました。そういうことがあるから好きな仕事に就かなくちゃって焦っていたけど，逆に，そういうことにならないためにも，たまたまやることになった仕事に没頭することが大切なんだと思えました。その方が選択肢も広がるし，自分のキャリアは失敗だと感じることもなく，想定外の展開にもついていけると思いました。」

「キャリアの授業で，「夢をもとう」「その夢を実現できる仕事に就こう」と言われ，みんな自分の夢を実現できる仕事を探そうと必死になってますけど，一般の企業に就職するにあたって，みんな自分の能力に夢をもちすぎている気がします。そんなことを言っていたら，納得できる仕事なんて見つからないと思います。」

に足の着いたキャリア教育が求められます。

5.4 内発的動機づけの悪用による搾取の問題

5.4.1 悪用される心理学理論

　自己実現とか内的報酬といった心理学理論をもち出し，不当な酷使に疑問や不満をもつ従業員を煙に巻く経営者が増えています。モノの時代から心の時代にシフトしたため，モノを満たすより心を満たすことが大切だといわれるようになり，心理学の重要性が増しているのは事実です。21世紀になって，心理学を応用した行動経済学の研究により心理学者や経済学者が次々にノーベル経済学賞を受賞するなど，経済活動においても心理学が重要な役割を担うといった認識が広まっています。そんな時代の空気のせいで，ビジネスに活かすために心理学を学ぼうとする人が増えていますが，それが経営者たちに悪用されるケースが目立ちます（コラム 5-2）。その際によく用いられるのが，「自己実現のために頑張ろう」「限界まで頑張ったときの達成感は格別」「お金のために働くなんて虚しい」「お客さまの笑顔はお金には換えられない心理的報酬」などといったセリフです。

　ブラックバイトが社会問題になっていますが，心理学理論を吹き込まれ，不当に酷使されているのは，なにも学生アルバイターにかぎりません。まだ入社間もない新入社員などは，不当な労働条件で酷使され，「これはおかしい」「こんな待遇ではやってられない」と思うようなことがあっても，仕事経験が乏しく自分の中にはっきりとした基準がない上に，早く仕事に馴染んで認められたいという思いも強いため，労働条件に文句を言うよりも，早く慣れて適応したいと思い，つい無理をしてしまいがちです。「これは不当だ」「もう限界だ」と感じても，前述のようなことを言われると，うまく洗脳され，待遇など気にせずにやりがいを追求しなければ，といった思いに駆られてしまいます。新入社員が過労により心身の不調に陥ったり，時に過労死に至る背景として，そうした事情があると考えられます。こうしてみると，「仕事で自己実現しよう」というようなメッセージが世の中に溢れているのは，非常に危ういことだといわ

コラム5-2　自己実現という「罠」

　定時に帰れることがない上に，休日出勤までしょっちゅうさせられる。勤務時間があまりに長く，私生活がないどころか，疲れが取れず，慢性疲労状態となって——。たまらずに上司に疑問をぶつけると，
「いまは自己実現の時代です。政府も活躍社会と言ってるでしょう。家でのんびりする方が，そりゃ楽でしょうけど，そんなふうに楽をしていたら自己実現などできません。苦しさを乗り越えてこそ，その道が開かれていくのです。苦しいのはわかりますが，自己実現に向かって頑張りましょう。そして輝きましょう！」
などと言われる。
　そう言われると，「疲れた」とか「休みたい」とか「私生活の時間がない」など，なんだかちっぽけなことのように感じられ，それ以上の文句は言いにくくなってしまう。
　さらに，残業が多いだけでなく，残業代がちゃんと払われず，ほとんどサービス残業になっていることについて，上司に文句を言ったところ，
「おカネのために働くなんて，そんな虚しいことはありません。モノが溢れるいまの時代，人々はモノやおカネよりも心の充足を求めるようになっているのです。
　それに，おカネのために働くと仕事が好きでなくなることが心理学で証明されてるんです。おカネのためでなく，仕事が楽しい，そう思いたくないですか？　限界まで頑張って，やり遂げたという達成感を味わう。そんな感動を一緒に味わってみませんか？」
などと高揚した調子で言ってくる。
　そんなふうに言われると，「たしかにカネのためだけに働くなんて虚しいかも」「やり遂げたっていう達成感を味わうのもいいな」と思えてくる。「これでいいのだろうか」といった疑問が浮かぶこともあるのだが，無理に自分を納得させて仕事を続けている。そのように語る人もいる。

（榎本博明『自己実現という罠』平凡社新書）

ざるを得ません（榎本，2018）。

5.4.2　雇用形態の変化による搾取の構図

　もともとの日本型雇用は，従業員も雇用主も，お互いに相手側の事情を考慮し，それぞれに使命感をもって仕事に取り組んでおり，まさに「間柄の文化」にふさわしいものでした。雇用主も従業員も儲け主義でなく，納得できる良い仕事を誠実にやりたいといった思いを共有しており，利益が出ずに苦しいときも，従業員は雇用主の懐具合や気持ちを配慮しつつ目の前の仕事に全力を尽くし，雇用主もそうした従業員の気持ちや働きぶりに報いなければと必死になって事業の方向性を模索する。貧しくてもやりがいや気持ちの一体感があるから耐えられるというのは，雇用主の側にも，従業員の頑張りに報いようという思いが強くあるから許される構図なのです。ところが，「自己中心の文化」の儲け主義のグローバル企業が押し寄せてきて厳しい競争原理にさらされ，終身雇用や年功賃金といった日本型経営を維持する余裕がなくなり，長期的展望をもって安心していられるような安定雇用を期待するのが難しくなってきました。さらには，雇用主側が利潤追求のみを基準にした人事評価を行うようになってきました。かつてなら従業員たちの気持ちを配慮して動けるような人物はそこが評価されましたが，今では利益を直接生み出していることを数字で示さないとなかなか評価されなくなってきています。こうなってくると，従業員としては，使命感をもって必死に働いたところで，雇用主側にそれに報いようという気持ちがないのだから，使い捨てられて終わり，というようなことにもなりかねません。

　本田由紀（2011）も，従業員を取り巻く昨今の労働環境の問題点を指摘しています（コラム 5-3）。IT，介護，小売りなど，労働集約的なサービス業で急成長を遂げた企業の背景には「大量採用・大量使い潰し」を織り込んだ労務管理のシステムがあったとする今野晴貴も，日本型雇用の特徴は，終身雇用や年功賃金といった労働者の生活を長期にわたって安定させる仕組みとセットにして，企業の強い命令権が労働者から受容されていたとします（コラム 5-4）。ところが，現在の問題は，雇用保障と企業福祉を前提にして労働者側に受容さ

コラム5-3　従業員を取り巻く労働環境の問題

　「私には，日本では働かせ方に関して，雇う側のフリーハンドが大きすぎるとしか思えない。もっとも，90年代のある時点までは，そうしたフリーハンドは庇護という恩典と表裏一体だった。雇用の保障や職業能力の伸長，報酬の伸び，その他さまざまな福利厚生が存在したからこそ，働く側は雇う側に対して，働き方や職種・勤務地の配属などの面では身をゆだねることもできた。

　しかしいま，雇う側は庇護というやさしい顔をくるりと反転させ，鬼面をさらしながら従来以上のフリーハンドを行使するようになっている。働く側にとっては，見る影もなくやせ細った恩典をかろうじて得るために，かつてよりずっと大きな代償を払わなければならなくなっているのだ。」

（本田由紀『軋む社会』河出文庫）

れていた働き方が，雇用保障や企業福祉なしに労働者に押しつけられていると
ころにあります。

かつての日本型経営においては，雇用が長く保障され（終身雇用），まじめ
に働いていれば給料は徐々に上がっていき（年功賃金），福利厚生も整ってい
る，というように従業員は雇用主によって守られていたために，人事異動を言
い渡され，職種が変わったり，勤務地が変わって転居を余儀なくされたりして
も，文句を言う立場にはなかったわけです。さらにいえば，低賃金で長時間労
働を強いられるようなことがあっても，そうした守られた立場だからこそ我慢
することができました。ところが，グローバル化の波の中で，雇用の保障も年
功賃金の保障もなくなったからには，従業員がこれまでのような「間柄の文
化」の心を無自覚のうちにもって働くのは，非常に危険なことといわざるを得
ません。

コラム5-4　日本型雇用を逆手に取る搾取の構図

　「例えば単身赴任という言葉は日本では一般的なものである。遠隔地赴任は1週間前，1ヶ月前といった直前に配置が決定される場合も珍しくない。当然，単身で何年もの長期間暮らすことは心身ともに大きな負担である。だが，日本ではこうした一方的な命令を拒否することはできない。また，残業にしても同じである。（中略）残業命令に対して拒否することも極めて困難である。

　だが，こうした厳しい指揮命令は，一方的に課せられてきたのではない。実は，労働者側が長期雇用と引き換えに，積極的に受け入れてきた側面もある。」

（今野晴貴『ブラック企業――日本を食いつぶす妖怪』文春新書）

　「いわば，ブラック企業は，『日本型雇用』への期待，日本社会に培われた『信頼関係』を逆手に取っている。厳しい命令はそのままに，年功賃金や雇用保障といった『見返り』がないのがブラック企業の労務管理なのだ。」

（今野晴貴『ブラック企業2――「虐待型管理」の真相』文春新書）

適性とキャリア形成

6.1 性格のとらえ方

キャリア形成に際しては自分自身の適性を知ることが必要とされ，そのためには自己分析をすることが大切だといわれますが，自分のことはなかなかわからないものです。そこで，まずは自分の特徴を知るために有用な枠組みとして，代表的な性格理論についてみておくことにしましょう。

6.1.1 類型論

1. クレッチマーの類型論

クレッチマーは，体格と気質（遺伝規定性が強いと考えられる性格の基礎的な部分）との間に関連があることに気づき，統計的な検討を踏まえて，3つの体格型に3つの気質型を対応させた類型論を提唱しました。

体格は，やせてひょろ長い細長型，ずんぐりした肥満型，がっしりした闘士型の3つに類型化されました（図6-1）。気質は，内的世界に生きていて現実との接触が乏しい分裂気質，現実をあるがままに受け入れ周囲に溶け込みやすい循環気質，頑固で粘り強いが堅くて融通が利かない粘着気質の3つに類型化されました（表6-1）。そして，細長型には分裂気質が多く，肥満型には循環気質が多く，闘士型には粘着気質が多いことを統計的に示しました。

2. ユングの類型論

ユング（1916, 1921）は，人間には根本的に相反する2つの態度があると考え，態度類型を提唱しました。それは，自分自身に対する関心が強い内向型と，他人や周囲の出来事に対する関心が強い外向型に類型化するものです。

内向型とは，自分自身への関心が強く，内面とのふれあいが豊かなため，自分の内面の動きに敏感で，そうした主観的要因を基準に行動するタイプです。何かを判断する際には，まず自分がどう感じ，どう考えるかなど，自分自身を基準にします。他人や世間の風潮に流されにくいため，社会適応に苦労しがちです。

それに対して，外向型とは，周囲の人物や出来事への関心が強く，周囲の期待や自分の置かれた状況，世間の動きに敏感で，そうした外的要因を基準に行

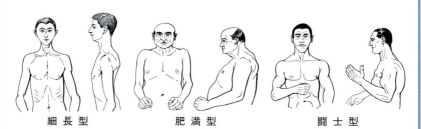

図 6-1 クレッチマーの体格型（クレッチマー，1955）

表 6-1 クレッチマーによる 3 つの気質類型（クレッチマー，1955 をもとに作成）

1. 分裂気質……内的世界に生きて現実とあまり接触しない。
基本的特徴　　：非社交的，もの静か，内気，きまじめ，変わり者。
過敏性の特徴　：引っ込み思案，臆病，繊細，傷つきやすい，神経質，興奮しやすい，自然や書物に親しむ。
鈍麻性の特徴：従順，お人好し，おとなしい，無関心，鈍感。
2. 循環気質……現実をあるがままに受け入れる。
基本的特徴　　：社交的，思いやりがある，親切，気さく。
躁状態の特徴　：陽気，ユーモアがある，活発，興奮しやすい。
うつ状態の特徴：もの静か，落ち着いている，くよくよ考える，柔和。
3. 粘着気質……頑固で粘り強く対人的繊細さに欠ける。
基本的特徴：堅い，頑固，粘り強い，変化が乏しい，精神的テンポが遅い，繊細でない，粘着性の中に爆発性を秘めている。

動するタイプです。何かを判断する際には，相手や周囲がこちらにどうすることを期待しているか，この場でどう振る舞うのが適切かといったことが基準になります。社会適応が良好な反面，自分自身の欲求や感情に気づきにくいところがあり，周囲に合わせすぎる過剰適応に陥りがちです。

6.1.2　特 性 論

　類型論は，それぞれのタイプのイメージが湧きやすいという長所がある反面，大雑把過ぎて個人の特徴を細かく分析できないという短所があります。そこで，個人の性格的特徴をさまざまな特性によって分析的にとらえる**特性論**がしだいに優勢となってきました。現在使われている性格検査や適性検査は特性論に基づいています。

　日本で最もよく用いられている YG（矢田部ギルフォード）性格検査は，12 個の性格特性で個人の性格をとらえるものです（**表 6-2**）。さまざまな特性論が乱立していましたが，近年では，性格特性は基本的な 5 つに絞ることができるとする特性 5 因子説に注目が集まっています。これは，1941 年にフィスクが唱えて以来，多くの議論を呼んできましたが，1981 年にゴールドバーグが基本的な 5 因子を**ビッグ・ファイブ**と名づけたことで注目され，その後多くの研究者が追随しました（ゴールドバーグ，1990；ゴールドバーグたち，1996；柏木，1997）。研究者によって 5 つの因子名に多少のずれはあるものの，外向性（対人的開放性），情緒不安定性（神経症傾向），経験への開放性，協調性，信頼性（誠実性あるいは勤勉性）の 5 因子ということで概ね一致しています（**表 6-3**）。現在は，コスタとマックレー（1988，1995）によるビッグ・ファイブ尺度，あるいはそれに準じたものが広く普及しています。日本でも，Big Five 尺度（和田，1996），FFPQ（FFPQ 研究会，1998），NEO-PI-R 日本語版（下仲たち，1999）などのビッグ・ファイブ尺度が開発され，また和田の尺度の短縮版の作成も試みられています（並川たち，2012）。

表 6-2　YG 性格検査の 12 の因子

抑うつ性
気分の変化
劣等感
神経質
主観性
協調性
攻撃性
活動性
のんきさ
思考的外向性
支配性
社会的外向性

表 6-3　ビッグ・ファイブの 5 つの因子

外 向 性	積極性，抑制のなさ，活動性，行動範囲の広さ，話し好き，社交性，群居性などの性質を含む。
情緒不安定性	自意識の強さ，不安の強さ，動揺のしやすさ，気分の不安定さ，傷つきやすさ，神経質などの性質を含む。
経験への開放性	独創性，想像力，好奇心の強さ，視野の広さ，洞察力などの性質を含む。
協 調 性	気だてのよさ，やさしさ，素直さ，従順さ，友好性，寛大さ，愛他性などの性質を含む。
信 頼 性	注意深さ，丁寧さ，勤勉性，頑張りや，辛抱強さ，責任感などの性質を含む。

6.2 対人関係にあらわれる性格

　キャリア形成を考える上で重要なのは，職業適性を知ることだとされます。職業適性に関しては次節以降で取り上げますが，もう一つ大事なのが自分の対人関係の特徴を知ることです。対人関係にあらわれる性格的特徴をとらえるのに役に立つのが**エゴグラム**です。これは，精神医学者バーンの交流分析をもとにデュセイが考案したものです。

　交流分析では，人はだれも親の心，大人の心，子どもの心をもっており，大人の心は批判的な心と養育的な心に分かれ，子どもの心は自由な心と順応した心に分かれるとみなします。したがって，人はだれも 5 つの心をもつことになります。それら 5 つの心のもつ特徴は，以下のようにまとめることができます。

　批判的な親の心（CP；Critical Parent）は，叱る，命じる，罰するといった批判的で厳しい心，理想の実現をめざす心，良心や責任感を伴った強い心など，いわゆる父性的な心を指します。

　養育的な親の心（NP；Nurturing Parent）は，人の気持ちに同情する，慰める，許すといった共感的で受容的な心，人をやさしく保護し面倒見がよく養育的な心など，いわゆる母性的な心を指します。

　大人の心（A；Adult）は，物事を事実に基づいて冷静に判断し，状況を的確に把握する，現実的で理性的な心を指します。

　自由な子どもの心（FC；Free Child）は，天真爛漫に感情を表出する無邪気な心，何にも縛られずに思いのままに行動する自発的で自由奔放な心を指します。

　順応した子どもの心（AC；Adapted Child）は，人からどう見られているかを気にし，人の期待に応えようとする受け身な心，人の言うことを素直に聞き，自己主張を抑えて人に合わせる従順な心を指します。

　これら 5 つの心のうち，どれが強くてどれが弱いかをグラフ化して示したものがエゴグラムです。5 つの心の偏りが，人間関係面からみたその人らしさをあらわすことになります。図 6-2 は，5 つの心それぞれがあらわす対人関係上の特徴を整理したものです。

親心　Ⓟ		
批判的な親心 Ⓒ Ⓟ 父性	＋	理想の実現，良心，正義感，責任感，けじめ，罰する，強さ，厳しさ
		厳しく鍛える，命じる，叱る，必要に応じて罰する
	－	権力を振りかざす，非難がましい，口うるさい
養育的な親心 Ⓝ Ⓟ 母性	＋	思いやり，共感，同情，保護，許す，理解，やさしさ
		愛情深く共感する，やさしく慰める，善悪を超えて丸ごと受け入れる
	－	甘やかし，黙認，おせっかい
おとな心　Ⓐ		
おとな心 Ⓐ 現実性	＋	理性的，適応的，的確な情報収集，事実に基づく判断，冷静な状況分析
		現実感覚をもって冷静に状況を分析，物事を理性的に判断，適応的な行動に導く
	－	知性化，利己主義，抜け目のなさ，人間味のなさ
子ども心　Ⓒ		
自由な 子ども心 Ⓕ Ⓒ 奔放性	＋	自発性，天真爛漫，無邪気さ，自由奔放さ，自由な感情表現，積極性，旺盛な好奇心
		なにものにも縛られない，ありのままに自分を表す，生き生きしている
	－	衝動的，わがまま，残酷，無責任
順応した 子ども心 Ⓐ Ⓒ 従順性	＋	従順，素直，権威に従う，我慢，感情の抑制，他人を気遣う
		素直な良い子として保護を受ける，自分を抑えて人に合わせる
	－	主体性の欠如，消極的，不満を溜め込む，うじうじする，人の顔色をうかがう

図 6-2　エゴグラムの 5 つの心があらわす対人関係上の特徴（榎本，2004）

6.3 職業適性

　適性とは，何らかのことをするのに適した能力のことですが，職業適性は能力面と性格面に分けてとらえます。また，能力面に関しては，潜在的な可能性まで含めて考えます。機械的な作業が中心の時代には技能などの能力面が重視されましたが，職務が複雑になって創造性やコミュニケーション能力が必要とされるようになり，さらにはやりがいやワークライフバランスなど価値観も大切な要因とみなされるようになるにつれて，性格面も重視されるようになってきました。

　大沢（1989）は，適性を職務への適応，職場への適応，自己への適応の3つの側面でとらえる3側面モデルを提示しています（表6-4）。職務適応は，知能，知識，技能など，能力面の適性を意味します。職場適応は，気質や性格など，性格面の適性を意味します。自己適応は，意志や価値観，自己概念など，生きる姿勢を意味します。

　適性を測定するのが適性検査です。適性検査には，能力適性検査，性格適性検査，興味・価値観検査などがあります（図6-3）。

　能力適性検査は，さまざまな職務遂行に必要な一般的能力を測定する一般知的能力検査と特定の職務に求められる能力に特化した能力を測定する職種別能力適性検査があります。職業適性検査としてよく用いられる一般職業適性検査（GATB-1；厚生労働省）では，一般的能力と特殊的能力が測定されます。一般的能力は，知的能力，言語能力，数理能力からなります。特殊的能力は，書記的知覚，空間判断力，形態知覚，運動共応，指先の器用さ，手腕の器用さからなります。そして，職業によってどの能力がどの程度必要とされるかに関する情報をもとに，個人の職業適性を診断します。

　性格適性検査は，性格を多面的にとらえるものですが，職務や職場に適合しやすい性格かどうかをチェックするために用いられます。質問紙法，作業検査法，投影法がありますが，使いやすさから最もよく使われているのが質問紙法で，これは単文の質問項目に自分が当てはまるかどうか，あるいは当てはまる程度を答えさせるものです。

表 6-4　適性の 3 側面モデル（大沢, 1989）

適応次元	適性概念	諸機能
職務適応―不適応	能力的適性	知能, 知識, 技能, 感覚機能, 運動機能
職場適応―不適応	性格的適性	気質, 性格, 興味
自己適応―不適応	態度的適性	意志, 意欲, 興味, 価値観, 自己概念

図 6-3　職業適性検査

102 第6章 適性とキャリア形成

　興味・価値観検査は，職務や職場への適応ばかりでなく，自己への適応にも深くかかわるものですが，どのようなことに興味があるか，どのようなことに価値を置くかを問うものです。

6.4 職 業 興 味

　職業についての関心や好き嫌いを**職業興味**といいます。「好きこそものの上手なれ」ということわざもあるように，関心のあることや好きなことなら，けっこう頑張れるものです。自分の職業興味の傾向を知ることで，どんな仕事ならやる気になれるかがわかります。それは今の仕事に満足できず転職を考える際にも役に立ちますが，今の仕事のままであってもどのようなやり方をすればやる気になれるかを考えるヒントにもなります。

　ホランド（1973）は，職業の選択とはパーソナリティの表現であり，特定の職業的環境にいる人々は，似たパーソナリティとパーソナリティ形成史を示す傾向があるといいます。すなわち，職業興味を調べることは各人のパーソナリティを調べることに他ならないとして，職業選択およびキャリア発達の主な要因としてパーソナリティ・タイプという概念を取り入ました。ホランドは，自らの職業選択理論の基礎を以下の4点にまとめています（渡辺たち，1982）。

1. 多くの人々は，現実型，探求型，芸術型，社会型，企業型，慣習型の6つのタイプの1つとして分けることができる。
2. （職業）環境には，現実型，研究型，芸術型，社会型，企業型，慣習型の6種類がある。
3. 人は，自分の技能や能力が生かされ，自分の価値観や態度を表現することができ，自分の納得できる役割や問題も引き受けさせてくれるような環境を探し求める。
4. 個人の行動は，その人のパーソナリティとその人の環境の特徴との間の交互作用によって決定される。

　さらにホランドは，職業行動に関する数多くの理念や知見を検討した結果，**表6-5**のような6つの理念を自分の理論の中に取り入れています。このよう

表 6-5　ホランドが理論構成の際に取り入れた 6 つの理念（渡辺，2007）

1. 職業の選択は，パーソナリティの表現の 1 つである。
2. 職業興味検査はパーソナリティ検査である。
3. 職業的なステレオタイプは心理学的・社会学的に確かで重要な意味をもつ。
4. 同じ職業に就いている人々は似かよったパーソナリティの特性および発達史を共有している。
5. 同一の職業群に属する人々は似たようなパーソナリティをもつので，さまざまな状況や問題に対して同じように反応したり，それぞれ特徴的な対人関係の作り方をしたりするであろう。
6. 職業満足，職業上の安定性や業績は，個人のパーソナリティとその人の働く環境との一致の程度に依拠する。

表 6-6　職業興味の六角形モデル

1. **現実的興味**……具体的で技術的な仕事を好む。
2. **研究的興味**……知的で分析的な仕事を好む。
3. **芸術的興味**……形式にとらわれない創造的な仕事を好む。
4. **社会的興味**……人との関わりが中心のソーシャル・サービス的な仕事を好む。
5. **企業的興味**……人を導いたり組織を動かすなど管理的な仕事を好む。
6. **慣習的興味**……秩序立った定型的な仕事を好む。

104　　第6章　適性とキャリア形成

な前提に立って，ホランドは**職業興味の六角形モデル**を提起し，職業興味を現実的興味，研究的興味，芸術的興味，社会的興味，企業的興味，慣習的興味の6つに類型化しました（**表6-6**）。

6.5　職業価値

　仕事や職場に何を求めるかという価値観のことを**職業価値**（ワーク・バリュー）といいます。職場の雰囲気が何よりも気になるという人もいれば，高収入が得られるなら職場の雰囲気などあまり気にならないという人もいます。新しくて綺麗なオフィスで働きたいという人もいれば，人間関係が良好ならオフィスが多少古ぼけていても問題ないという人もいます。自分自身の成長が実感できるような仕事に就きたいという人もいれば，安定収入の確保が何よりも大切だという人もいます。やりがいのある仕事ができるなら私生活を犠牲にしてもよいという人もいれば，私生活との両立が可能な仕事でないと困るという人もいます。職業に求めるものが異なると，お互いに相手がなぜそんなことにこだわるのか，あるいはこちらがこだわらざるを得ないことがなぜ気にならないのかが理解できません。価値観が違うということは，生きている心の世界が違うことを意味します。職業選択に当たっては，自分が仕事や職場に何を求めているのかを把握しておく必要があります。

　そこで榎本（2009）は，ローネンたち（1979）の14の職業価値（**表6-7**）を参考に，14領域14項目からなる尺度を作成しました（**表6-8**）。それをもとに11領域からなる，より実践的な職業価値尺度も作成していますが，そこでは以下のような価値観を測定しています。

1. 職場の物理的環境
2. 職場の雰囲気
3. 上司との関係
4. 私生活との両立
5. 安定性
6. 高収入

6.5 職業価値

表 6-7　14 の職業価値（ローネンたち，1979 より）

1. 物理的の労働空間	8. 上司との良好な関係
2. 居住地区	9. 成果に見合った評価がなされる
3. 私生活のための十分な時間確保	10. より高度な仕事を得るチャンスがある
4. ずっと働ける安心感	11. 訓練・研修を受けるチャンスがある
5. 諸手当や有給休暇など福利厚生	12. 自分のやり方で仕事をする自由がある
6. 稼ぐチャンスがある	13. 自分のスキルや能力を十分活かせる
7. うまくやっていける仕事仲間	14. 挑戦的な仕事ができる

表 6-8　榎本の職業価値質問紙の項目（榎本，2009）

1. 物理的に良好な労働環境（快適な空調や照明，適切なスペースなど）を与えられること。
2. 自分自身や家族にとって望ましい地域に住むこと。
3. 仕事に就いても個人生活や家族生活のための時間が十分もてること。
4. 安定しており倒産の危険がないこと。
5. 福利厚生（諸手当，有給休暇など）が充実していること。
6. 高収入を得るチャンスがあること。
7. うまく連携できる仕事仲間がいること。
8. 上司と良好な関係が保てること。
9. 仕事がうまくいったときはそれに見合った評価が得られること。
10. 頑張りしだいでより高度な仕事を任されるチャンスがあること。
11. 研修や訓練（スキルを伸ばしたり，新たなスキルを身につけるための）を希望すれば受けられるチャンスがあること。
12. 自分なりに工夫して仕事をする余地があること。
13. 自分のスキルや能力を仕事の中で十分発揮できること。
14. 達成感に結びつくようなやりがいのある仕事ができること。

7. 福利厚生
8. 人事評価
9. 仕事や職場の社会的評価
10. 仕事のやりがい
11. 成長の実感

6.6 キャリア・アンカー

シャイン（1990）は，さまざまなビジネスパーソンに仕事生活についてのインタビューを行った結果，あることに気づきました。それは，だれもがある種の仕事をしているときには，他の仕事をしているときよりも，安全な港に停泊しているように感じるということです。ここが自分の居場所だといった感覚です。そこでシャインは，自分の居場所という感じを与える仕事のもつ要因をキャリア・アンカーと名づけました。自分のキャリア・アンカーにうまく適合する仕事をしていると，充実感が得られるし，集中できるため，あっという間に時間が経過していきます。そのような仕事にめぐり合えた人は，これこそが自分のすべきことだと感じ，そこに錨を下ろそうとします。アンカーというのは錨という意味です。「ここが自分の居場所だ」と感じることができるとき，そこに錨を下ろす。キャリア・アンカーには，そのような意味合いがあります。

シャインは当初，専門コンピタンス，経営管理コンピタンス，安定，起業家的創造性，自律・自立の5つのキャリア・アンカーを設定しました。その後，インタビューを重ねる中で，これら5つのいずれとも合致しないという人々に出会いました。シャインは，そうした人たちの職業生活に関する語りを聴き取ることによって，社会への貢献，全体性と調和，挑戦の3つを新たに追加しました。その結果，8つのキャリア・アンカーが設定されました（シャイン，1996；表6-9）。

シャインは，だれにとってもキャリア・アンカーは本来1つしかないといいますが，キャリア・アンカーの説明を読んでも，自分があてはまりそうなものが複数あって，どれか1つを選ぶのは難しいというのがふつうです。シャイン

表6-9　8つのキャリア・アンカー

1. 専門コンピタンス
特定の分野で専門的能力を高めることをめざす人のキャリア・アンカー。
2. 経営管理コンピタンス
管理職として人や組織をマネジメントすることに価値を置く人のキャリア・アンカー。
3. 安　　定
組織に所属して安定した立場を確保することに価値を置く人のキャリア・アンカー。
4. 起業家的創造性
新しい商品やサービスを開発したり，新たな事業を立ち上げるなど，何かを生み出すことに価値を置く人のキャリア・アンカー。
5. 自律・自立
自分の意志で動きたいという気持ちが強く，管理されることを嫌い，何ごとも自分で決め，自分の納得のいくようにやりたいという人のキャリア・アンカー。
6. 社会への貢献
何かで社会に貢献したい，世の中をもっとよくしたいという気持ちが強く，みんなが暮らしやすい社会の実現に価値を置く人のキャリア・アンカー。
7. 全体性と調和
仕事と家族生活や個人的趣味を両立させて，全体として調和の取れた人生を送りたいという人のキャリア・アンカー。
8. 挑　　戦
チャレンジ精神が旺盛で，困難な課題に尻込みすることなく，挑戦することに生きがいを感じる人のキャリア・アンカー。

自身，教授として勤務しているマサチューセッツ工科大学の学部長候補に推薦され，決断を迫られたとき，はじめて自分がほんとうに望んでいるのは何であるかに気づいたといいます。そして，学部長就任を断りました。シャインにとって，学部長になることは自由を失うことを意味しました。管理職をめざす人にとっては，学部長になるというのは大きな名誉であり，願ってもないチャンスということになるでしょう。しかし，出世欲や権力欲が満たされる代わりに，組織のための雑務を中心にせざるを得なくなり，自分のやりたい仕事に専念する自由や時間が大いに制約を受けることにならざるを得ません。それがシャインにとっては苦痛に感じられたのです。そのときシャインは，自分のキャリア・アンカーは専門コンピタンスかもしれないと思ったそうです。それほどに自分のキャリア・アンカーに気づくことは難しいといえます。

　自分が仕事に求めるものは何なのかを頭で考えてもなかなかわかるものではありません。その場合，榎本（1999，2002，2008a，b）が唱える自己物語の手法を取り入れ，これまでの自分の人生を振り返ってとくに思い出深いエピソードを拾っていくことでヒントが得られることがあります。自伝的記憶の中には無数のエピソードが散りばめられており，ほとんどは思い出されることがありません。振り返ったとき，とくに思い出されるエピソード群には，何か思い入れがある，つまり思い出すだけの意味があると考えられます。

　シャインは，自分自身にとってのキャリア・アンカーが何であるかを探るには，つぎのような問いについて考えるとよいといいます。

1. どんな仕事をしているときに充実感を感じるだろうか。
2. 時間が経つのも忘れるくらいに没頭した仕事は何だっただろうか。
3. 仕事や職場に関して，あなたがとくにイヤだと感じるのは，どういうことだろうか。

現代のキャリア理論

7.1 アイデンティティとモラトリアム心理

7.1.1 心理・社会的モラトリアムとアイデンティティ形成

　進路選択，受験，親友との出会い，指導者や思想との出会い，恋愛，職業選択，配偶者選択など，**アイデンティティ**形成に強く影響し，その後の人生を大きく方向づける出来事がたくさん詰まっている青年期は，自分をつくり直す時期であり，それゆえ不安定になりがちです。

　そうした青年期の心理的発達を特徴づけるものとして，**モラトリアム**という用語を心理学の領域に導入したのはエリクソンです（**コラム 7-1**）。エリクソンによれば，**心理・社会的モラトリアム**とは，「性的にも知的にも成熟に達するが，最終的なコミットメントの延期を認可されている期間」（エリクソン，1982）であり，「個体が自由な役割実験を通してその社会のある部門に自己の適所を発見する期間」（エリクソン，1959）のことです。青年は，社会的役割を身にまとうための役割実験，すなわち試行錯誤が許されるモラトリアム期間を経て，アイデンティティの確立へと至るという意味で，心理・社会的モラトリアムという用語が用いられたのです。

　自伝的記憶のバンプ現象というものがあります。自伝的記憶を想起させると，最近の出来事ほどよく思い出すという新近性効果がみられるものの，50 代以上の人たちでは，新近性効果に加えて，10 代から 20 代の頃の出来事をよく思い出すといった傾向がみられます。これを自伝的記憶のバンプ現象といいます。なぜバンプが生じるのかについてはいくつかの説がありますが（榎本，2009），最も有力と考えられるのはアイデンティティ形成に結びつけたものです。すなわち，青年期や成人初期は，自己のアイデンティティ形成に影響を及ぼし，その後の人生を方向づける出来事が多い時期だからよく思い出すのだとするものです。フィッツジェラルド（1988）は，自己が特性や社会的役割よりも物語によって構成されているとする文脈を重視する立場からバンプを説明しています。つまり，自己のアイデンティティを定義する自分の物語は，青年期に形成され始め，成人期になると安定していきます。青年期から成人初期の頃の出来事は，アイデンティティを表す自伝的記憶に組み込まれることが多いために，過去を

コラム7-1　エリクソン自身のモラトリアムとアイデンティティ拡散

　エリクソンが，青年期のモラトリアム期間をアイデンティティの確立のために重要な意味をもつ時期として位置づけたのには，エリクソン自身が自己確立をめぐる7年間に及ぶ葛藤の日々を経験したことが強く影響していました。エリクソンは，中学と高校を一緒にしたようなギムナジウムを卒業し，大学入学資格を得ましたが，両親の望む大学進学はせずに，芸術に惹かれて放浪の旅に出ました。実学によって身を立てるのが理想の時代に，生計を立てる当てのない芸術の道に進むというのは，無茶な冒険でもありました。エリクソンは，南欧の街を渡り歩き，読書とスケッチにどっぷり浸かりました。偉大な芸術に触れることで，大いに感銘を受けるとともに，芸術家として成功する資質に自信がもてなくなり，自分は何になったらよいのかがわからず，いわゆるアイデンティティをめぐる葛藤の中，不安と苛立ちの日々を過ごしました。芸術家になることを断念したエリクソンは，将来展望を失うとともに，何かをする意欲を失い，まったく何もすることができない日々を過ごしました。まさに，エリクソン自身がアイデンティティ拡散の危機を経験していたのでした。そうした情緒不安定な状態を気遣った親友ブロスの配慮で，子どもたちを教育する学校を一緒に運営することになり，放浪の7年に終止符が打たれました。その学校の経営者がフロイト父娘と交流が深かった縁により，エリクソンはアンナ・フロイトに精神分析を受けました。これがエリクソンのその後の人生の方向を決定づける精神分析との出会いとなったのでした。

112 第7章 現代のキャリア理論

振り返ったときによく思い出すというのです。このことは，筆者も自己物語法を用いた面接で実感するところです。

7.1.2 アイデンティティ拡散

アイデンティティをめぐる問いと格闘しているうちに疲れてしまい，自己探求の気力が失せてしまうことがあります。「自分はどう生きたらいいんだろう」「どんな生き方が自分らしいんだろう」「自分がこの世ですべきことって何なんだろう」などといくら考えても答が見つからないとき，読書したり思索に耽ったりして，あくまでも自己探求を続ける人もいますが，今はそれは少数派でしょう。多くの人は，「もう，いいや」という気持ちになり，「なるようにしかならない，もう考えるのはやめよう」ということになりがちです。元々アイデンティティをめぐる問いを意識することなく，何となく漂っていることもあります。いずれにしても，自分というのがわからない状態，アイデンティティというようなまとまりがなく，自分がばらばらに浮遊しているような状態，それをアイデンティティ拡散といいます。

エリクソン（1959）は，自分にまとまりがなくなるアイデンティティ拡散の心理状況の特徴として，親密性の回避，時間的展望の拡散，勤勉性の拡散，否定的アイデンティティの選択の4つを指摘しています（表7-1）。これではいけないと苦しんでいても，そこからなかなか抜け出せない。そこには，親密性の回避，時間的展望の拡散，勤勉性の拡散といった要素も絡み合っています。このように，アイデンティティが拡散すると，自分の生活にまとまりがつかず，混乱し停滞した状態になりがちです。

7.1.3 早期完了

アイデンティティ拡散やモラトリアムに止まる青年が多くなってきたということと並んで，モラトリアムやアイデンティティ拡散を経由せずに安定したアイデンティティを保ち続ける青年もいます。マーシア（1966）のアイデンティティ地位の類型化（表7-2）による早期完了群です。この場合には，ホールのいうような青年期の特徴とされる疾風怒濤の様相もなく，第2の誕生や第2次

表 7-1　アイデンティティ拡散にみられる心理的特徴（エリクソン，1959 を
もとにまとめたもの）

1.　親密性の回避
人と一緒の場面では異常に緊張し，相手に呑み込まれる不安に駆られるかの
ように深くつき合うことを警戒する傾向を指す。人との心理的な距離のとり
方がよくわからなくなり，自分が悩んでいることとか，ほんとうに気にして
いることを言えずに，軽いノリでどうでもよい言葉のやりとりをして盛り上
がるなど，表面的な親しさに終始し，お互いの関心事や不安や悩みなど内面
を深く共有することがない。

2.　時間的展望の拡散
未来に向かって着実に進んでいるといった感じになれず，健全な時間的展望
を失ってしまうことを指す。特徴的なのは，時間的切迫感と時間の流れに対
する無力感だ。たとえば，もうダメだ，間に合わないといった危機感に苛ま
れたり，時間が経てば物事が好転するだろうといった楽観的な展望がもてな
くなったりする。

3.　勤勉性の拡散
どうしても勤勉になれないことを指す。何となくやる気になれず目の前の課
題に集中できなかったり，たとえば読書過剰のような一面的な活動に自己破
壊的に没頭したりして，通常の意味での勤勉さが失われる。

4.　否定的アイデンティティの選択
否定的アイデンティティとは，周囲から承認が得られにくい社会的に望まし
くないアイデンティティのこと。つまり，自分の家族や世間によって望まし
いとみなされている役割を引き受けることなく，むしろ家族や世間から否定
的にみられている役割を身につけようとすることを指す。フリーターやニー
トなどは，家族から望まれ，世間から認められるような役割を身にまとわな
いという点において，まさに否定的アイデンティティを選択していると言え
る。

分離・個体化をめぐる葛藤もなく，不安定さは感じられません。ただし，早期完了群の青年は，親との間で分離・個体化が行われていないという意味において，精神内部の構造が乳児期の共生段階に類似しており，未熟であるとの指摘もあります（ジョッセルソン，1996；クローガー，1995，2000；パピーニたち，1989）。分離・個体化過程は，親との関係によって阻害されることがあることが示されています（クローガー，2000）。キンタナとラブスリー（1990）は，心の中の個体化への動きがアイデンティティの発達と関連すること，とくに両親によるコントロールが個体化の成功の足を引っ張ることを見出しています。ペロサたち（1996）は，早期完了群の青年後期の女性は，母親との関係に巻き込まれすぎて，自分自身の人生を方向づける能力についてのコンピテンスの感覚を発達させそこなっていることを見出しています。

　こうした一連の研究は，青年期にはアイデンティティの組み替えが必要であるとの前提に立っていますが，早期完了群の青年たちは，アイデンティティの組み替えを行っていません。現代の日本には，このタイプも少なくないように思われます。それが未熟さなのか，それとも新たな適応様式なのか，それは今後検討すべき課題といえます。

7.2 職業キャリアと人生キャリア

　キャリアという用語は，すでに日常的に用いられるようになっていますが，じつは非常にあいまいな形で使われているので，その定義について確認しておきましょう。マクダニエルズ（1978）は，キャリアとは個人が生涯にわたってさまざまな仕事や活動にかかわってきた様相であるとしています。アーサーたち（1989）は，キャリアとは個人が長年にわたって積み重ねてきた働く体験の連続と定義しています。ハーとクレイマー（1996）は，キャリアとは個人が生涯の中で経験する「何を選び，何を選ばないか」によって創造されるダイナミックなものであるといいます（渡辺，2007）。

　このようにキャリアには，仕事生活の流れを意味する部分が大きいものの，生涯にわたる仕事以外の生活も含めた流れを意味する部分もあります。前節で

表7-2 マーシアによるアイデンティティ地位

危機の有無，傾倒の有無という2つの次元に基づいて，青年のアイデンティティ確立への取り組み状況を分類したもの。

● **危機の有無**……価値観にしても職業にしても，多くの可能性の中から最も自分にふさわしいものを見つけるために，迷い悩みながら試行錯誤するといった苦しい経験をしているかどうか，ということ。
● **傾倒の有無**……選択した価値にこだわり，それに則って行動しているかどうか，ということ。

1. **アイデンティティ達成群**……危機を経験した末に，自分なりの回答を見つけ，その生き方に傾倒している。

2. **モラトリアム群**……危機を経験している最中で，何かに傾倒したいと一所懸命に模索している。

3. **早期完了群**……何ら危機的なものは経験せずに，親などから受け継いだ生き方に何の疑問もなしに傾倒している。

4. **アイデンティティ拡散群**……危機を経験しているかいないかにかかわらず，何かに傾倒するということがなく，また積極的に模索するということもない。

みたように，生き方が多様化している今日，青年が社会に出る準備段階では，単に生活の糧を得るための職業を決めるというだけでなく，どのような人生を送りたいかといった問題に直面し，それを解決していかなければならないことを考えると，キャリア発達という場合も，単に職業決定のみならず，人生を貫く価値観，つまり生き方の探求といった側面も無視できません。

　そこで，キャリア発達の心理学を創始したスーパーによるキャリアのとらえ方に立ち返ってみる必要があるでしょう。スーパーは，職業とキャリアを区別して，職業以外の社会的役割，つまり家庭人，市民，学習者，余暇人としての役割も含めて（表7-3），人生キャリアというとらえ方をしています。さらにスーパーは，それぞれの役割の重要性は関与，参加，知識という3つの次元によって決まるとしました（図7-1）。関与とは，それぞれの役割に対する思い入れの程度です。参加とは，それぞれの役割に対して，実際にどの程度の時間や労力を投入しているかといった側面です。知識とは，それぞれの役割に関する知識をどの程度もっているかといった側面です（中西，1995）。思い入れのない役割の遂行に追われ，思い入れの強い役割に割く時間が取れないというように，関与と参加のズレがあることも珍しくありません。この3つの要素によって個々の役割の重要性が決まりますが，それによって個人のライフスタイルが決まってきます（図7-2）。

7.3 不確実性の時代のキャリア理論

7.3.1 キャリアが偶然の要因に大きく左右される時代

　ITの発達により変動の激しい時代になって，将来を見通しつつキャリア上の決定を行うというのは困難になってきています。流動的な世の中で，将来を予測することなど不可能です。実際，偶然の出来事が個人のキャリアに重大な影響を及ぼすというのは，よくあることです。ジェラットの肯定的不確実性の理論（ジェラット，1989）やクランボルツの計画された偶発性理論（クランボルツ，1994，1996；ミッチェルたち，1999）なども，そうした発想に基づいています。先を見通すのが困難な時代のキャリア形成においては，予測不可能な

表 7-3　5つの役割（中西，1995 より）

1. 労働者
2. 家庭人
3. 市民
4. 学習者（学生）
5. 余暇人

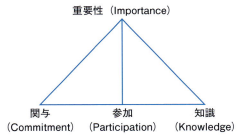

図 7-1　各役割の重要性を構成する3つの要素（ネヴィルとスーパー，1986；中西，1995）

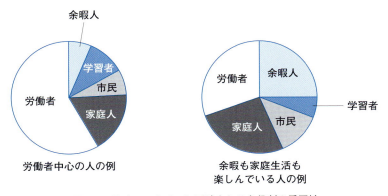

図 7-2　ライフスタイルに反映される各役割の重要性

出来事や状況にどのように対応するかが重要な意味をもちます。

　キャリアのカオスセオリーを提唱しているブライトたち（2005）の大学生を対象とした大規模な調査によれば，70％が自分のキャリアは予想外の出来事に重大な影響を受けたと答えています。クランボルツが実施した調査によれば，18歳のときに考えていた職業に就いている人は，わずか2％にすぎません（クランボルツとレヴィン，2004）。私が大学生約200名を対象に行った調査でも，「10年前どころか5年前でさえ今の自分を予想していなかった」という学生が61％であり，「予想していた」という学生の22％を大きく上回りました。

　こうした時代状況を踏まえて，最近のキャリア理論では，人生は予測できない，キャリアは思いがけない出来事に左右されるといった現実に立脚すべきだという立場が台頭してきています。クランボルツの計画された偶発性理論も，ジェラットの積極的不確実性という考え方も，ブライトとプライヤーのキャリアのカオス理論も，私たちのキャリアは偶然の出来事に大きく左右されるという前提に立ち，偶然を自分のために活かすにはどうしたらよいかに力点を置くものといえます（ブライトとプライヤー，2005，2012，2014）。

7.3.2　計画された偶発性理論

　クランボルツは，自分自身の経験も踏まえて，**計画された偶発性理論**を唱えています。自分自身の経験とは，進路を決めかねてテニスのコーチに相談したところ，そのコーチが心理学の教授で，それなら心理学を専攻すればいいと言われたため，心理学を希望することにしたというエピソードです（**コラム7-2**）。計画された偶発性理論では，従来は優柔不断とか決断できないというように否定的に評価されていた未決定の心理状態を肯定的にとらえ直し，心を開いた状態を維持することの大切さを説きます。新たな状況や変化に対応していくためには，偏見にとらわれない開かれた心を保つことができなければなりません。心の開放性を保つには，あいまいな状況に耐える力が必要です。

　従来のキャリア・カウンセリングでは，キャリア上の目標やビジョンをもたない人々に対しては，その決断力の欠如や見通しのなさを否定的にみなしがちでした。キャリア上の目標や見通しのなさは，病的徴候であり治療すべき状態

コラム7-2 クランボルツ自身のキャリアにみられる偶然の力

大学2年の終わりが近づき，私は教養課程から専攻分野を決めなければいけない時期となりました。大学から専攻分野を申請するための書類が届いたのですが，私は何を選んだらいいかわからず，そのままにしておきました。1ヵ月後，また専攻分野を決めるようにという通知がきたのですが，心にはひっかかったものの，今度もそのままにしてしまいました。どうやって専攻を決めればいいのか，テニスに夢中だった私にはわからなかったのです。そしてついに3度目の通知。通知書には，5月26日午後5時までに専攻を申請しないと退学処分にする，とありました。『うーむ，こりゃまずい』私はうなりました。でもどうしたらいいかわからない，だれに相談したらいいかもわからない。途方にくれてしまいました。相談できる身近な先生といえば，テニスのウォーラー先生しか思いつきませんでした。本当にぎりぎりの5月26日午後4時にウォーラー先生のアポをもらって，会いに行ったのです。

これも偶然ですが，ウォーラー先生はテニスのコーチであると同時に，心理学の教授でもありました。地方の小さな大学では専任のテニスコーチを雇う余裕はなかったからです。ウォーラー先生に会いに行き，単刀直入に自分の窮状を訴えました。「先生，あと一時間で専攻を決めないと退学になってしまうんです！」。先生の答えはいとも簡単でした。「それは心理学しかないでしょう」。私は先生の部屋を飛び出しながら叫びました。「わかりました。ありがとうございます！」

（クランボルツ，J. D. ・レヴィン，A. S.　花田光代たち（訳）『その幸運は偶然ではないんです！』ダイヤモンド社）

とみなされました。それに対してクランボルツは，このような不確実性の時代には，長期にわたる将来のキャリア・プランをもたないことは，かえって賢明な生き方ではないかといいます。変動の激しい社会を生き抜いて納得のいくキャリアをつくっていくために，計画された偶発性理論では，偶然の出来事をキャリア発達の好機とみなし，それをうまく利用することを推奨します。さらには偶然の好機を積極的に生み出す努力も必要であるとします。そのために開発すべきスキルとして，好奇心，粘り強さ，柔軟性，楽観性，冒険心の5つをあげています（表7-4）。実際のキャリア・カウンセリングでも，自分の将来のキャリアについて悩んでいる人々に対して，これら5つのスキルの発達を促すために，つぎのような質問によって自分自身の経験を振り返らせたり，見通せない将来に対する姿勢について考えさせたりします。

「あなたのキャリアに対して，予期しない出来事がどのように影響していますか？」「将来起こるかもしれない予期しない出来事について，どんな風に感じますか？」「偶然の出来事に好奇心を刺激されるようなことはありませんでしたか？」「将来どんな偶然の出来事が起こってほしいと思いますか？」「将来望ましい偶然の出来事が起こる可能性を高めるために，今できることは何だと思いますか？」「これまで積極的に行動するための障害となっていたのは，どんなことですか？」

このように将来起こるかもしれない予期しない出来事について思いをめぐらすことで，想定外の出来事に対する肯定的な姿勢を促すことは，偶然のチャンスをものにしたり，良い偶然を生み出したりする力を高めることにつながっていくはずです。

7.3.3 積極的不確実性

1960年代に意思決定についての合理的アプローチを提唱したジェラットは，25年以上の後に，考えを変える必要が生じたと，ある論文の中で述懐しています。ジェラットは，かつてはキャリア上の意思決定を行う人々に対して，目標を明確にし，情報を合理的に分析し，結果を予測し，一貫性を保つことを求めました。当時は，過去というものの評価も安定し，将来というものもある程

7.3 不確実性の時代のキャリア理論　　121

表7-4　**クランボルツがあげる不確実性の時代に開発すべきスキル**（榎本, 2012）

---

1. **好奇心**……新たな学習の機会を積極的に求めること。
先が見通せない変動の激しい時代には，何が後で役に立つかなどわからない。取りあえずいろんなことに関心をもつ好奇心の強さが，後になって活きることが多く，偶然の好運を生み出すことにもつながる。好奇心が乏しく，幅の狭い人生を送っていると，想定外の展開に対して対応する際に行き詰まりやすい。

2. **粘り強さ**……つまづいてもすぐに諦めずに頑張り続けること。
自分のキャリア上に想定外の出来事が降りかかってきたとき，だれでも大いに動揺するものだが，そこで粘り強く動くことができなければ，逆境を乗り越えることができず，潰されてしまう。

3. **柔軟性**……状況に応じて態度を変えること。
変動の激しい時代を生き抜くにも，想定外の展開に対応していくにも，状況に応じて考え方や行動のとり方を調整する柔軟性が必要である。従来のやり方に固執するタイプは，状況の変化についていけず，行き詰まりやすい。

4. **楽観性**……新たな状況でも，何とかなる，うまくいくとみなすこと。
想定外の展開となったときに威力を発揮するのが，楽観的な心の構えだ。これからどうなるかわからないというとき，「どうしよう」と不安になると気持ちが萎縮し，逆境を突き抜ける行動はとられにくい。反対に，「何とかなるさ」と楽観的に構えると，伸び伸びとした気持ちになって，力強い行動につながりやすい。

5. **冒険心**……結果が不確かでもリスクを恐れず，取りあえずやってみること。変動が激しく先が不透明な時代には，安定にとらわれすぎると，不安ばかりが増して，状況の変化に対応できなくなる。そんな時代に必要なのが，リスクを過度に恐れず，自分を信じて全力で未知の状況に飛びこんでいく冒険心である。その際，目の前の状況に集中し，全力を尽くすという姿勢を伴うことが不可欠だ。

度予測可能と考えられていたため，合理的で客観的な意思決定の枠組みをキャリア・カウンセリングに適用することができたのです。ところが今日では，過去のもつ意味も絶えず塗り替えられ，将来ももはや予測不可能と考えられるようになったため，新しい意思決定の枠組みが必要となりました。複雑で変化の激しい現代に求められるのは，変化やあいまいさにうまく対処し，不確実さや一貫性のなさを受け入れ，思考や選択において非合理的で直観的な側面を活かすことを促進するようなキャリア上の意思決定とカウンセリングの枠組みです（**コラム7-3**）。

　ジェラット（1989）は，そのような新たな枠組みを**積極的不確実性**と呼びます。その中核となっているのは，将来というものの不確実性を認識すること，およびその不確実性というものを肯定的にとらえることです。そして，予測不可能であいまいさに満ちている世の中の動きにうまく対処していけるように促すことが目ざされます。ジェラットは，かつてのように目標を明確にし，情報を合理的に分析し，結果を予測し，一貫性を保って自分のキャリアを追求するといったスタイルは今や通用しないとしています。したがって，積極的不確実性の枠組みを用いたキャリア・カウンセリングでは，直観的思考の重要性が強調されます。そのため，客観的であるばかりでなく，主観的に思いを巡らすことも必要であるとし，現実と空想のバランスをうまくとるように促します。

　新たな経験が新たな価値観や目標，欲求を意識させることがあるため，それらを固定的にとらえるよりも，新たな経験に心を開くことの方が重要となります。目標や求めるものをはっきりさせない方が，新たな自己発見につながりやすいものです。したがって，自分がほんとうに何を求めているかを知ることよりも，状況の変化に応じて自分の中から新たな欲求を引き出していくことを奨励します。このように積極的不確実性の枠組みにおいては，現実に縛られずに主観性の世界を探求することで，状況の変化に伴って変化していく自分自身の求めるものに対しても素直に気づくように促されます。また，自分が変わっていくことを恐れずに，世の中の変化や仕事環境の変化に柔軟に適応していくように促されます。

コラム7-3　決定しないという戦略

　絶えず経験から学びながら納得のいくキャリアをつくっていくためには，あえて「決定しない」という戦略をとる道があるだろう。そこに浮上してくるのが，キャリアをデザインしない生き方である。（中略）

　ブライトとプライヤーによるキャリアのカオス理論でも，将来のキャリアを予測することなど不可能であるという前提に立ち，不確実性や絶え間ない変化に満ちた環境への適応をどうしたらよいかに焦点を当てる。とくに個人のキャリアに対して想定外の出来事が与える影響に着目する。そして，どんな出来事が起こるかはコントロールできないけれども，たまたま起こった出来事の理解の仕方と対処の仕方が，その後のキャリア形成を大きく方向づけると考える。

　たまたま降りかかってきた想定外の出来事を自分のキャリアに活かすには，キャリアの方向性に幅をもたせておく必要がある。ガチガチにキャリア・デザインをしてしまったら，想定外の出来事の入り込む余地がない。

　ここで改めて強調したいのは，キャリア・デザインなどといって先ばかりを見ていないで，「今」を大切に生きようということである。先のことばかり気にしていると，どうしても今目の前にある現実を疎かにしてしまいがちだ。しかし，自分が生きているのは，紛れもなく「今，ここ」にある現実であり，それ以外に自分が生きている現実などないのである。

　先のことを計算したり，結果を気にしたりすると，「今，ここ」に全力を集中することができない。それによって能力開発のチャンスを逸したり，成果を出し損なったり，たまたま訪れた好機を見逃したりしがちだ。目の前の仕事に没頭することで，結果として成果が出たり，望ましいキャリアが実現したりする。先のことより，「今，ここ」のプロセスに集中することが大切だ。

（榎本博明『「やりたい仕事」病』日経プレミアシリーズ）

交渉力と説得的コミュニケーション

8.1 交渉を合意にもっていくための「枠組み」

8.1.1 「負の枠組み」と「正の枠組み」

利得に目を向けるのが「正の枠組み」，損失に目を向けるのが「負の枠組み」です。ニールとベイザーマン（1985）は，労使間の賃上げ交渉を例に，この2つの枠組みの違いを説明しています。組合側は，従業員の時給を現行の10ドルから12ドルに引き上げるように要求します。現在のインフレ状況においては，時給12ドルでないとやっていけないというのが組合側の要求の根拠です。それに対して，経営者側は，時給を現行の10ドルから引き上げるのはどうみても無理だと抵抗します。両者の主張は真っ向から対立し，交渉が難航します。

その場合，現実的な妥協点は両者の主張のちょうど中間にあたる11ドルですが，それに対して，組合側は要求額の12ドルと比べて1ドルの損失と感じ，経営側は現行の10ドルと比べて1ドルの損失と感じるため，なかなか合意できません。「負の枠組み」が用いられると，11ドルに対して双方とも「1ドルの損失」と受け止めるため，なかなか譲歩する気になれないのです（図8-1）。

8.1.2 「正の枠組み」への転換

そこで必要なのが，中間点という妥協点の捉え直しです。11ドルに対して，組合側が現行の10ドルと比べて「1ドルの得」となると受け止め，経営側も組合側の要求額の12ドルと比べて「1ドルの得」となると受け止めれば，両者とも譲歩しやすくなります。このように，「負の枠組み」でなく「正の枠組み」を用いることで，譲歩することへの抵抗感が和らぐのです（コラム8-1）。

カーネマンとトヴェルスキー（1979）のプロスペクト理論では，損失感は利得感よりも意思決定に対して強い影響力をもつと考えます。たとえば，私たちは，不確実だけど大きな利益につながる可能性のある選択肢よりも，少なめでも確実に利益が得られる選択肢を選ぶ傾向があります。利益がいくらか少なくなるよりも，利益が得られなくなることを避けようとするわけです。ゆえに，利益が得られるのであれば，多少の譲歩はしやすくなります。「正の枠組み」を用いると合意に至りやすいのは，そのためと考えられます。

時給 10 ドルのところ，組合が 12 ドルを要求する場合，
妥協点は 11 ドルと考えられる。

【負の枠組み】

組合側：要求の 12 ドルと比べる→「11 ドルだと 1 ドル損する」
経営側：現行の 10 ドルと比べる→「11 ドルだと 1 ドル損する」

ともに譲歩しにくく，交渉は難航

【正の枠組み】

組合側：現行の 10 ドルと比べる→「11 ドルなら 1 ドルの得になる」
経営側：相手方の要求の 12 ドルと比べる→「11 ドルなら 1 ドルの得になる」

ともに譲歩しやすく，合意に至りやすい

図 8-1　「負の枠組み」と「正の枠組み」

コラム 8-1　「正の枠組み」を活かす

　ニールとベイザーマン（1985）が行った交渉実験でも，「負の枠組み」をもつ交渉者は譲歩を損失とみなし，なかなか譲歩しないため，合意が困難になりました。一方，「正の枠組み」をもつ交渉者同士の場合に，最もスムーズに，かつ両者ともに納得のいく形で合意にいたることができました。

　そこで大切なのは，相手側にも「正の枠組み」をもってもらえるように働きかけることです。こちらの当初の要求からの譲歩分に目を向けてもらうのです。相手側の獲得分をアピールするのです。こちら側の具体的な譲歩事項を説明することで，自分側の譲歩による損失分にばかり目を向けていた相手も，自分側の獲得分に気づくことができます。折り合いをつけていくプロセスで，損失分でなく獲得分を意識してもらえるような説明ができるかどうかが鍵となります。

8.2 双方の利益の最大化という視点

8.2.1 固定和幻想

交渉においては，双方の利害が対立するのが原則です。売り手が最初に提示した価格より安くなれば，買い手が得をする分，売り手は損をすることになります。それゆえ，相手の要求に合わせて譲歩するとこちらが損をするので，できるだけ抵抗しなければならないといった発想が身に染みついています。

ところが，場合によっては，すべての交渉点に関して自分側の利益の最大化を目指すよりも，譲るべき点は譲って交渉した方が，自分側の利益も相手側の利益も大きくなるということが起こってきます。利益の総量が一定でない場合です。それに気づかずに交渉に臨むと，得られるはずの利益を取り損なうことになります。そこには，固定和幻想が働いています（ベイザーマン，1983）。双方の利益の最大化という観点からは，この固定和幻想が問題となります（トンプソンとヘイスティ，1990）。したがって，固定和交渉と変動和交渉の違いを踏まえておくことが必要です（トンプソン，1990a，b）。

8.2.2 固定和交渉と変動和交渉

固定和交渉とは，一方の利益が増大すれば，その分だけ他方の利益が減少するタイプの交渉のことです。固定和というのは，いわば利益の総量が固定されていることを意味します。そこでは両者の利害は対立します。たとえば，自動車を買うのに，買い手は 200 万円以内の予算での購入を考えており，売り手は 150 万円以上で売らないと利益が出ないとします。その場合，買い手は 200 万円以内のできるだけ安い価格で買えるように交渉し，売り手は 150 万円以上のできるだけ高い価格で売れるように交渉することになります（図 8-2）。150 万円と 200 万円の価格の間で，利益の総量 50 万円をどのように分配し合うかの交渉といえます。

それに対して，変動和交渉とは，利益の総量が変動的で，一方の利益の増大がそのまま他方の利益の減少につながらないタイプの交渉のことです。複数の争点があり，その優先順位が双方で異なっている場合に，このような交渉とな

8.2 双方の利益の最大化という視点

図 8-2 固定和交渉における交渉可能範囲

表 8-1 利益総量が一定でない変動和交渉の例

【鉄】

	価格 1	価格 2	価格 3	価格 4	価格 5
A 社の利益	200	150	100	50	0
B 社の利益	0	20	40	60	80

(万円)

価格 1 で決まると A 社の利益は 200 万円と最大化されますが、B 社は利益がなくなります。価格 5 で決まると B 社の利益は 80 万円と最大化されますが、A 社は利益がなくなります。

【石炭】

	価格 1	価格 2	価格 3	価格 4	価格 5
A 社の利益	80	60	40	20	0
B 社の利益	0	50	100	150	200

(万円)

価格 1 で決まると A 社の利益は 80 万円と最大化されますが、B 社は利益がなくなります。価格 5 で決まると B 社の利益は 200 万円と最大化されますが、A 社は利益がなくなります。

ります。プルイットとルイス（1975）があげる例はやや複雑なので，わかりやすいように大胆に簡略化して説明しましょう（表8-1）。たとえば，資源を売るA社とそれを購入して製品化に用いるB社が，鉄と石炭の価格交渉をするとします。A社はどちらも価格1に近い価格での合意にもっていこうとし，B社はどちらも価格5に近い価格での合意にもっていこうとします。もし中間の価格3で決まるとすると，A社もB社も利益は140万になります。重要なのは，A社にとっては石炭より鉄の方が大きな利益につながり，B社にとっては鉄より石炭の方が大きな利益につながるため，それぞれの優先順位が異なるということです。それに気づくことができれば，中間点で妥協するよりも双方の利益を大きくすることができます。極端なことをいえば，A社は石炭ではB社が望む価格5に譲歩し，自社の利益が0になっても，その代わりにB社が鉄ではA社が望む価格1に譲歩してくれれば，それぞれが200万円の利益を取ることができるのです。もし，双方が譲らず，鉄でも石炭でも中間点の価格3で合意したとすると，A社の利益もB社の利益も140万円となり，優先順位を考慮して譲り合った場合と比べて，両社とも60万円の損失となってしまいます。

8.3 システマティック処理とヒューリスティック処理

　チェイケン（1980）は，説得を受けたときの情報処理プロセスをシステマティック処理とヒューリスティック処理に区別する二重プロセス理論を提起しています（図8-3）。システマティック処理とは，入手可能な情報を慎重に考慮し，あらゆる角度からじっくり検討して判断する情報処理のスタイルを指します。それに対して，ヒューリスティック処理とは，簡便な情報処理法のことで，断片的な情報や特定の情報に反応して直感的にすばやく判断する情報処理のスタイルを指します（表8-2）。

　本来，重要な判断をする際に，システマティック処理をするのは当然のことで，だれもが自分はじっくり検討して最適な判断をしているつもりでいます。ところが，無意識のうちにヒューリスティック処理を用いて，考慮すべき情報

8.3 システマティック処理とヒューリスティック処理 131

【システマティック処理】
入手可能な情報を慎重に考慮し，あらゆる角度からじっくり検討して判断する情報処理の仕方。

【ヒューリスティック処理】
断片的な情報や特定の情報に反応して直感的にすばやく判断する情報処理の仕方。簡便な情報処理法。

図 8-3　二重プロセス理論（チェイケン，1980）

表 8-2　ヒューリスティック処理の例

「A 社も採用しているというのだから問題ないだろう」
「あの人が推薦するのだから間違いないだろう」
「高価な方が性能が良いに違いない」
「あの有名人が CM に出てるから安心だ」
「あの百貨店にも出店してるというのだから大丈夫だろう」

を無視したり，じっくり検討するのを忘れてしまうのも珍しいことではありません。自分でじっくり考えて検討する労力を節約しようという無意識的な衝動に負けて，ヒューリスティック処理に頼ってしまうのです。忙しいときや疲れているとき，あるいは自分の知識が乏しいときなど，どうしてもヒューリスティック処理に走りがちなので，注意が必要です。

8.4　中心ルートと周辺ルート

　ペティとカシオッポ（1986，1990）は，説得内容の受け止め方に関して，精緻化見込みモデルという二重プロセスモデルを提唱しています。そこでは，交渉相手からの情報を頭の中で処理するプロセスには中心ルートと周辺ルートの2つがあるとします。中心ルートとは，こちらを説得しようとして相手が主張してくる内容について，それが妥当かどうかをじっくり検討する情報処理プロセスを指します。一方，周辺ルートとは，説得内容とは直接関係のない情報，いわば周辺的手がかりによって判断する情報処理プロセスを指します。

　動機づけや能力（関連する知識や情報）が十分にある場合は中心ルートが作動し，それらが乏しいと（気持ちに余裕がなかったり，知識や情報が乏しかったり）周辺ルートが作動します（図 8-4）。

　ペティとカシオッポの理論は，頭の中の情報処理の仕方には2通りあるという点がチェイケンの理論と共通であり，中心ルートはシステマティック処理に，周辺ルートはヒューリスティック処理に非常に似ています。ただし，図のように，動機づけがあって中心ルートに乗っても，その後知識が足りなかったりすると周辺ルートに移行したり，説得内容が元々の自分の考えと違うとじっくり検討するのをやめて周辺ルートに移行したりというように，2つのプロセス間の移行をモデル化している点が，チェイケンの理論と異なります。

8.4 中心ルートと周辺ルート

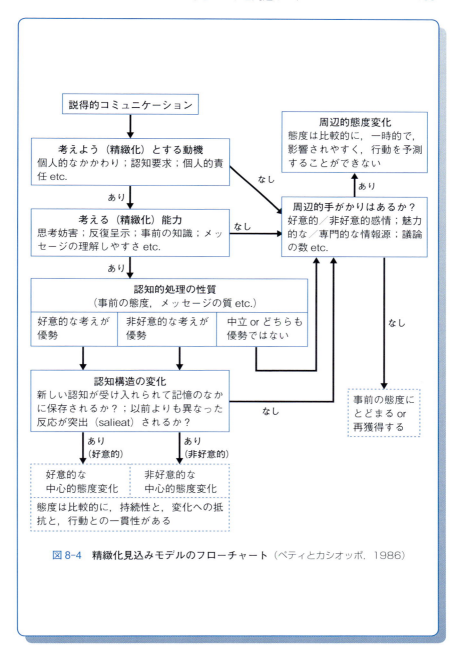

図 8-4 精緻化見込みモデルのフローチャート（ペティとカシオッポ, 1986）

8.5　説得的コミュニケーション

8.5.1　影響力の武器

　「なぜ人は動かされるのか」をテーマに，説得的コミュニケーションの技法について多くの実験的研究を積み重ねてきたチャルディーニ（2008）は，**影響力の武器**として，返報性，コミットメントと一貫性，社会的証明，好意，権威，希少性の6つをあげています（**表8-3**）。これらは商品販売の場や広告などで広く利用されています。以下にあげる説得的コミュニケーションにもこれらが応用されています。

8.5.2　心理的負債の効果

　人から親切にしてもらったり，便宜を図ってもらったりした場合，こちらもできることがあれば何かしてあげたいという気持ちになるものです。それを**心理的負債感**といいます。心理的に借りがある状態です。それによる「お返しの心理」が説得効果をもたらすというのは，だれもが日常的に経験しているはずです。

　リーガン（1971）は，2人1組の実験への協力を求めました。そのうちの1名は常にサクラでした。条件は2通り設定され，第1条件では，実験途中の休み時間に，サクラがコーラを買って差し入れてくれます。第2条件では，2人ともただ休むだけで，コーラの差し入れはありません。それからまた実験が再開されます。実験終了後に，サクラがあるチケットを購入してくれないかと頼みます。実験の目的は，チケット購入の依頼に対する反応が条件によって異なるかどうかを確かめることでした。結果をみると，差し入れをもらった人たちの方が2倍ものチケットを購入していました。チケットの金額はコーラの2倍もするにもかかわらず，差し入れをもらった人たちの購入枚数は，平均して2枚以上になりました。これはまさに，差し入れによって生じた心理的負債感による「お返しの心理」が，チケット購入という説得への承諾行動をもたらしたといえます。

表 8-3　影響力の 6 つの武器（チャルディーニ，2008 より作成）

1. 返 報 性
人間文化の中で最も広範囲にみられ，最も基本的な規範の 1 つが返報性の
ルールである。このルールは，他者から与えられたら自分も同じように相手
にお返しをするように努めることを要求する。

2. コミットメントと一貫性
ほとんどの人には，自分の言葉，信念，考え方，行為を一貫したものにした
い，あるいは他者からそう見られたいという欲求がある。ゆえに，コミット
メントをしてしまうと，それに合致した要求を受け入れやすくなる。

3. 社会的証明
人がある状況で何を信じるべきか，どのように振る舞うべきかを決めるとき
に重視するのが，他の人たちがどうしているかである。他の多くの人たちが
応じていると言われることで，応じるように促される。

4. 好 意
人は自分が好意を感じている人に対してイエスと言う傾向がある。身体的魅
力，類似性や称賛が好意を高めるが，人や事物と接触を繰り返し，馴染みに
なることも，好意を促進し，承諾を引き出す要因となる。

5. 権 威
権威からの要求に服従させるような強い圧力が私たちの社会には存在する。
権威者から何か言われると，正常で心理的に健康な多くの人たちが，自分の
意に反していても逆らうことなく，それに従ってしまう。

6. 希 少 性
人は機会を失いかけると，その機会をより価値あるものとみなす傾向がある。
この原理を利用する技術として，数量限定や最終期限といった承諾誘導の戦
術が用いられる。

8.5.3 飲食の効果

ジャニスたち（1965）は，飲食中には他人の説得を受け入れやすい心理状態になるかどうかを確かめる実験をしました。それは，一般にはあまり受け入れられていない論点を含む文章をいくつか読ませ，その影響を受けるかどうかを調べたものです。その際，読み手の半分はコーラを飲み，ピーナッツを食べながら説得文を読み，残りの半分は何も飲食せずに読みました。事前に各自の意見を聞いており，説得文を読んだ後に説得文の方向に意見が変わったかどうかを調べました。その結果，どの説得文に関しても，飲食しながら読んだ人たちの方が，明らかに説得文が主張する方向に意見を変えていました（表8-4）。説得文を書いた人とコーラやピーナッツをくれた人は別人なので，そこに心理的負債効果は働いていません。ここからいえるのは，飲食中は説得されやすい心理状態になるということです。

8.5.4 フット・イン・ザ・ドア技法

フット・イン・ザ・ドア技法とは，はじめに小さい要求をして受け入れさせてから本来の要求をする手法のことです。小さい要求をいったん受け入れてしまうと，その後に突きつけられる大きな要求を断りにくい心理状態になります。その背後にあるのは，自分は一貫性のある人物でありたいという欲求です。フェスティンガーの認知的不協和理論によれば，人はだれでも自分の心の中に一貫性をもたせたいと思い，矛盾を嫌います。そこにつけ込む技法といえます。

フリードマンとフレーザー（1966）は，フット・イン・ザ・ドア技法について多くの実験を行い，その説得効果を実証しています。たとえば，調査員が見ず知らずの主婦たちに電話をして，家庭の台所用品の調査に協力してほしいと頼む実験があります。その中の2つの条件を比較してみましょう。第1の条件では，1度目の電話では台所用品の調査への協力を頼み，同意した人に，その電話で台所用品についての簡単なアンケートに答えてもらいます。そして，3日後に2度目の電話をして，今度5～6人の調査員がお邪魔して台所用品をチェックさせてください，2時間くらいですみますといって，大がかりな調査への依頼をします。第2の条件では，1度目の電話でいきなりその大がかりな

8.5 説得的コミュニケーション

表 8-4 **飲食の効果**（ジャニスたち，1965 より作成）

	意見の変化率（説得文の方向への）(%)		
	飲食なし	飲食あり	有意水準
4 つのトピック			
1. がんの治療	61.9	81.1	($p<.05$)
2. 軍隊の規模	42.8	67.2	($p<.01$)
3. 月への旅行	30.2	54.7	($p<.05$)
4. 3 次元映画	60.4	67.2	

（同じ 4 つのトピックを用いた 2 つの実験の合計）

調査への協力を依頼します。大がかりな調査を受け入れた人の比率は，第2条件の22%に対して，第1条件では53%と，2.5倍近くになりました（図8-5）。

8.5.5　ドア・イン・ザ・フェイス技法

ドア・イン・ザ・フェイス技法とは，はじめに過大な要求をもちかけ，相手が抵抗を示したとき，間髪を入れずに，それよりも受け入れやすい本来の要求をもち出す手法のことです。相手が譲歩してくれると，こちらも譲歩しなければといったお返しの心理が働きます。また，過大な要求を突きつけられた後に，それより受け入れやすい要求を提示されると，対比効果が働いて，実際以上に小さな要求に感じられます。

　チャルディーニたち（1975）は，通行人に献血を依頼する実験によって，この技法の効果を検証しています。結果をみると，いきなり「献血にご協力いただけませんか」と頼んだ場合の承諾率が32%だったのに対して，「今後数年間，2カ月ごとに献血する契約を結んでいただけませんか」と無理な要求をぶつけて，断られた後に，「では，今回一度きりでけっこうですから，献血にご協力いただけませんか」と頼むと，承諾率は49%に跳ね上がりました（図8-6）。

8.5.6　ザッツ・ノット・オール技法

ザッツ・ノット・オール技法とは，好条件を後から追加するという手法のことです。後から追加する方がお得感があるといった心理効果を狙ったものといえます。

　バーガー（1986）は，カップケーキの販売場面を使った実験をしています。カップケーキには値段を付けずに，客から聞かれたら答えるようにします。その際，2つの条件を設定しました。第1条件では，値段を聞かれたら，まず最初に「75セントです」と答え，しばらくしてから「クッキー2枚のおまけ付きの値段です」と付け加えます。第2条件では，値段を聞かれたら，最初から「クッキー2枚とセットで75セントです」と答えます。カップケーキを購入した客の比率をみると，第2条件では40%だったのに対して，第1条件では73%と2倍近くになりました（図8-7）。パターンを変えた実験も行われてい

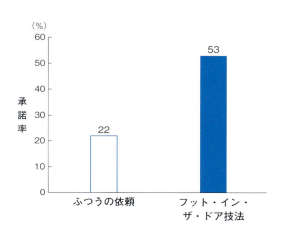

図 8-5　フット・イン・ザ・ドア技法の効果
（フリードマンとフレーザー，1966 より作成）

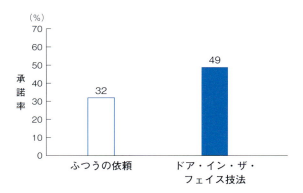

図 8-6　ドア・イン・ザ・フェイス技法の効果
（チャルディーニたち，1978 より作成）

140 第8章　交渉力と説得的コミュニケーション

ます。クッキーをおまけに付ける代わりに，値引きをするというものです。第1条件では，値段を聞かれたら，まず最初に「1ドルです」と答え，しばらくしてから「すぐに店を閉めたいので75セントに値引きします」と付け加えます。第2条件では，値段を聞かれたら，最初から「75セントです」と答えます。カップケーキを購入した客の比率は，第2条件では44％だったのに対して，第1条件では73％と7割ほど上回りました（図8-7）。

8.5.7　ローボール技法

ローボール技法とは，はじめに好条件を示し，相手がその気になったところで条件を吊り上げる手法のことです。私たちは，いったんその気になってしまうと，気持ちに勢いがついているため，多少条件を吊り上げられても受け入れてしまいます。

チャルディーニたち（1978）は，それを証明する実験を行っています。大学の授業中の教室で，「単位として認めるので，心理学の実験に協力してほしいのですが」と呼びかけると，多くの学生が協力を申し出ました。そこで，「じつは，実験は今週の水曜日か金曜日の朝7時からになります」と説明します。朝7時からは早すぎるとだれもが感じます。最終的に協力を申し出た学生は56％になりました。一方，はじめから今週の水曜日か金曜日の朝7時からという詳しい条件まで説明して呼びかけた場合は，協力を申し出た学生は31％でした。最終的にはどちらも同じ条件なのに，最初に好条件だけ提示した場合，最初から悪条件も提示した場合と比べて，2倍近い承諾率になったのです（図8-8）。

8.5.8　一面的説得法，両面的説得法

都合のよい情報ばかりを示して説得しようとするのが一面的説得法，都合の悪い情報や反対の立場の情報も交えて説得しようとするのが両面的説得法です。一般に，受け手の教育程度が低い場合は単純明快な一面的説得法が効果的ですが，受け手の教育程度が高い場合は一面的説得法だと押しつけがましい感じになるため，両面的説得法の方が効果的であるとされています。また，受け手が

8.5 説得的コミュニケーション　　　141

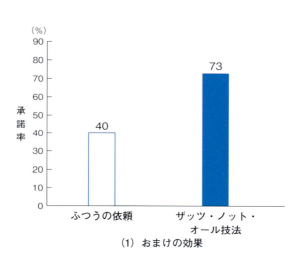

(1) おまけの効果

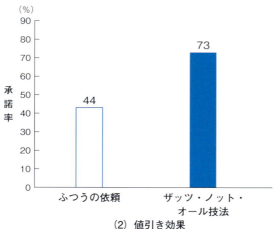

(2) 値引き効果

図 8-7　ザッツ・ノット・オール技法の効果
（バーガー，1986 より作成）

元々説得したい方向と同じ態度をもっている場合は一面的説得法が効果的なのに対して，受け手の態度が説得したい方向と反対の場合には両面的説得法の方が効果的とみられています。

　ホブランドたち（1949）が第2次世界大戦中に行った実験では，約6,000人の兵士を対象に，ドイツが降伏した後，日本との戦争がどのくらい続くかについて，説得的コミュニケーション（かなり長引くと説得しようとするもの）の前後に尋ね，意見が説得的コミュニケーションの方向に変化するかどうかを検証しています。その際，一面的説得群では，長引く根拠となる条件ばかりを並べて，だから長引くはずだと主張しました。一方，両面的説得群では，こういう条件なら早く終わることもあり得るが，諸々の条件を考慮すると，やはり長引くだろうと主張しました。その結果，はじめから長引くと考えていた兵士には一面的説得法の方が効果的なのに対して，早く終わると考えていた兵士には両面的説得法の方が効果があることがわかりました（図 8-9）。

8.5 説得的コミュニケーション 143

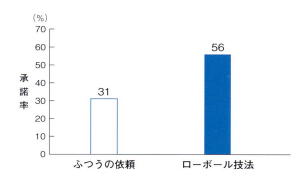

図 8-8 ローボール技法の効果（チャルディーニたち，1978 より作成）

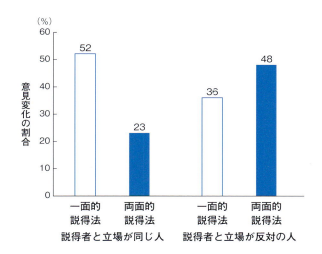

図 8-9 一面的説得法と両面的説得法の効果（ホブランドたち，1949；榊，1989 一部修正）

消費者行動と
マーケティング

9.1 消費者行動を規定する心理的要因

　物質的に貧しい時代には，日常生活に必要なモノや便利なモノを作れば放っておいても売れるし，性能的に良いモノを作れば売れるので，製造技術の向上が最大の関心事でした。ところが，物質的豊かさが実現し，あらゆる製品市場が成熟を迎えると，良いモノを作れば売れるということではなくなり，需要を掘り起こす必要が生じてきました。そこで，**マーケティング**が重要な鍵を握るようになったのです。

　マーケティングも，物質的豊かさが実現するまでは，人々の生活に欠けているものは何か，どんな商品を投入すれば人々の生活の利便性が向上するかを考えるといった方向が中心でしたが，物質的な欠乏感が薄れ，人々がそこそこ便利で快適な生活を送れるようになると，マーケティングのやり方も変わらざるを得ません。そうした流れの中で，消費者行動を規定する心理的要因の研究が強く求められるようになったのです。

　購買動機の研究もその一つです。これは，人々がどのような欲求を満たすために特定の商品を購入するのか，何にこだわって購入するのか，あるいは購入しないのかを探るものです。その際に，よく引き合いに出されるのが，マズロー（1954）の欲求の階層説です（第1章参照）。マズローは，人間の基本的欲求を4つ設定し，そこに階層構造を想定して，下層のものほどより基本的な欲求で，まずは優先的に満たすべきものであり，下の層の欲求がそこそこ満たされると，その上の層の欲求が頭をもたげてくるとしました。そして，4つの基本的欲求がそこそこ満たされると，人は自己実現の欲求に動かされるようになると考えました。これを購買動機に結びつけることができます（図9-1）。

　たとえば，衣食住を満たしたいというのは，生理的欲求と安全の欲求に相当しますが，このあたりがある程度満たされてくると，より上層の欲求に動かされるようになります。衣服を選ぶにしても，仲間集団への溶け込みやすさを意識したり（所属欲求），「かっこいい」とか「かわいい」とみられたいと思ったりして（承認欲求）選ぶ傾向が強まります。仲間と同じブランドに身を固めるのは所属欲求によるもの，高級ブランドものを身につけるのは承認欲求による

【衣服の選択】

暖かい服	生理的欲求
破けにくい服	安全欲求
仲間と同じブランド	所属欲求＋承認欲求
かっこいい服，かわいい服	承認欲求
自分らしさを表現できる服	自己実現欲求

図 9-1　マズローの欲求の階層説に対応した購買動機

ネスカフェのインスタント・コーヒーは，発売当初はある程度売れましたが，しばらくすると売上げが低迷してきました。なぜインスタント・コーヒーを買わないのかを消費者に聞いても，確かな理由はわかりませんでした。そこでヘアが投影法を用いた調査を行った結果，人々がインスタント・コーヒーを買うことが怠け者などの否定的なイメージにつながりやすいことがわかりました。こうした調査結果を受けて，ネスレ社は，ネスカフェを飲むことで，忙しく活動的で，家族の要として家事に専念する時間をつくれる，といった肯定的なイメージをアピールする広告戦略をとることで成功したのでした。

図 9-2　ヘアによるネスカフェの購買動機研究

148 第9章 消費者行動とマーケティング

ものといえます。そのあたりの欲求がそこそこ満たされると，「自分らしさ」や「個性」を売り物にするメッセージに自己実現欲求が刺激されやすくなります。購買動機研究の古典的研究として有名なのが，ヘア（1950）によるネスカフェのインスタント・コーヒーについての研究です（図 9-2）。

　小嶋（1972）は，消費者の購買動機を必要条件（H）と魅力条件（M）の2要因によって説明する HM 理論を提唱し，図 9-3 のように2層の階層構造を仮定しています。必要条件は，商品の基本的性能，品質など最低限必要とされる性質を指し，これが満たされないと不満の原因になります。魅力条件は，デザイン，醸し出す雰囲気など，商品の必要条件に付加される価値を指し，必要条件が満たされているのを前提として，さらに惹きつける要因となります。

9.2　消費者の購買意思決定モデル

9.2.1　購買意思決定モデル

　エンゲルたち（1968）は，消費者の購買に関する意思決定過程をモデル化しました。そのモデルは，その後何度も修正され，ブラックウェルたち（2006）の購買意思決定モデルでは，欲求認識→情報検索→選択肢評価→購買→購買後評価といった段階を経ると想定されています（図 9-4）。ただし，すべての購買行動に際しての意思決定がこのモデルに従うわけではありません。あまり重要でない買い物の場合には，情報検索など行わずに，欲求認識から即座に購買行動へと移行するでしょうし，習慣化している日用品の購入などは欲求認識からほぼ自動的に購買に至ると考えられます。

9.2.2　多属性態度モデル

　フィッシュバイン（1963）は，ある対象を選択するかどうかといった態度を，複数の属性の重要度と各対象が各属性の価値をどの程度満たしているかについての信念の関数であらわす多属性態度モデルを提唱しています。フィッシュバインとアイゼン（1975）やアイゼン（1991）はそのモデルの洗練を試みています。

魅力条件（M）

デザイン，醸し出す雰囲気など
［商品の必要条件に付加される価値］

必要条件（H）

商品の基本的性能，品質など
［最低限必要とされる性質］

図 9-3　小嶋の HM 理論

図 9-4　消費者の意思決定モデル（エンゲルたちのモデル）

150 　　　第９章　消費者行動とマーケティング

　多属性態度モデルによれば，消費者の意思決定は，各属性の評価 × 信念の合計点の計算結果に基づいて行われるとされます。各属性の評価とは，わかりやすく言い換えれば，各条件をどの程度重視するかということです。信念とは，各選択肢が各条件をどの程度満たしていると思うかということです。

　たとえば，賃貸住居を探す際には，広さ・間取り，家賃の安さ，最寄り駅からの近さ，地域の雰囲気，買い物の利便性などが考慮されます。そして，それぞれの重要度について，広さ・間取り「3」，家賃の安さ「3」，駅近：最寄り駅からの近さ「2」，地域の雰囲気「2」，買い物の利便性「1」のように，個人の頭の中で重みづけしているとします。これら 4 つの属性（条件）に関する A，B，C の 3 つの物件の評価が表のようになった場合，各属性ごとの評価得点に重要度を乗じたものの合計点が総合評価得点となり，これが最も高い物件 C が選ばれることになります（**表 9-1**）。

9.2.3　選択に要する認知能力のコスト削減

　ただし，すでに指摘したように，あまり重要でない選択は，このように諸条件と照らし合わせて選択肢をじっくり検討するといった手順は省略されます。つまり，選択に要する認知能力のコスト削減が行われ，ヒューリスティックな情報処理が行われます（第 8 章参照）。そこで，提唱されたのが **MODE モデル**です（ファジオ，1990；ジョーンズとファジオ，2008）。このモデルは，消費者が商品の購買にあたってヒューリスティック情報処理をしていることも多い現実を踏まえ，システマティック処理を熟慮モード，ヒューリスティック処理を自動的モードと名づけ，そのどちらを用いるかは動機づけ（M）や状況（O）によって違ってくるとするものです。

　特定の商品選択を重要視するかどうかは，関与という概念でとらえられています。エアコンや洗濯機の購入などでは，じっくりと比較検討することが多く，これらは高関与商品といえます。それに対して，スナック菓子や清涼飲料水の購入などでは，ほとんど比較検討せずに購入するのがふつうであり，これらは低関与商品ということになります。アサエル（2004）は，関与水準と熟考の程度を組み合わせて，購買行動を**表 9-2**のように 4 つに類型化しています。

表 9-1　多属性態度モデルによる態度形成の計算例

	広さ・間取り	家賃の安さ	駅近	地域の雰囲気	買い物の利便性	総合評価
重要度	3	3	2	2	1	
物件 A	5	1	3	4	4	36
物件 B	3	4	3	2	3	34
物件 C	4	3	4	3	4	39

表 9-2　関与度と熟慮性による購買行動の類型化

1. **複雑な意思決定**……高関与＋熟慮型。購買意思決定モデルに従う。
2. **ブランド・ロイヤリティ**……高関与＋熟慮なし型。特定のブランドにこだわり，熟考せずに選択する。
3. **惰性**……低関与＋惰性型。とくにこだわりがなく，惰性で同一ブランドを購入したり，宣伝に流されて特定のブランドを購入したりする。
4. **限定的意思決定**……低関与＋熟慮型。飽きたり刺激を求めたりして購買意思決定モデルに従い選択肢を検討することがある。

9.3　損失回避と現在志向バイアス

9.3.1　損　失　回　避

　何らかの商品が気になりつつも，購入した後で期待していた効果がなかったら困ると思って躊躇しているとき，30日間のお試し期間があり，その期間内に返せば代金を返すといった説明があると安心し，購入しやすくなります。うまくいけば2倍にも3倍にもなる可能性がある代わりに，半分になってしまう可能性もある，というリスクが大きく元本保証のない金融商品を勧められた場合，2倍や3倍になるのは魅力ですが，せっかく貯めたお金が大幅に減るリスクを考えたら，なかなか飛びつくことはできません。そこにあるのは，傷つくのが怖いという心理です。傷つくというのは多様な意味で用いられる言葉ですが，損害を被るのも傷つきの一種といえます。

　クロニンジャーは，遺伝的基礎がある人間の基本的な気質の一つに**損害回避**をあげています（クロニンジャーたち，1993）。これは，用心深く，リスクを嫌う性質で，行動を抑制する方向に作用しますが，私たちの心の中にはこのような損害回避的な心理が強く働いているのです。

　このような基本的な人間心理をより実用的な概念としてとらえようというのが，カーネマンとトヴェルスキー（1979）が提唱した**プロスペクト理論**による損失回避傾向です（**表9-3**）。これは行動経済学に応用され，私たちは利得を大きくすることよりも損失を小さくすることに強くこだわるため，利得感より損失感が意思決定において強い影響力をもつとされます。先ほどの例でいえば，お試し期間があることで損失が回避されるため，躊躇なく購入できるわけです。金融商品の例では，2倍や3倍という利得を得る可能性よりも，半分になる損失の可能性を重くみるため，購入に踏み切れないのです。いったん値下げすると元の値段に戻しにくくなるのも，値下げによる利得よりも値上げによる損失の方が心理的に大きいため，差し引き同じ額の変動とはいえ，値上げによる心理的ダメージは売り手が思うより大きいのです。

9.3 損失回避と現在志向バイアス　　153

表 9-3　プロスペクト理論が証明した損失回避傾向

　プロスペクト理論でノーベル経済学賞を受賞した心理学者カーネマンは，人間のもつ損失回避傾向をプロスペクト理論の要とみなしている。カーネマン（2011）は，以下のような問を例にあげて，損失回避傾向について説明している。

　まず以下の問について考えてみよう。①か②のどちらを選ぶだろうか。

問1　①確実に 900 ドルもらえる。
　　　②90％の確率で 1,000 ドルもらえる。

問2　①確実に 900 ドル失う。
　　　②90％の確率で 1,000 ドル失う。

　多くの人は、問 1 ではリスクを回避しようとして，確実に 900 ドルを確保できる選択肢①を選ぶ。確実に 900 ドルもらえることの主観的価値は，90％の確率で 1,000 ドルもらえることの主観的価値より大きい。

　ところが問 2 になると，多くの人は，損失が膨らむ可能性が 90％あっても損失を回避できる 10％の可能性に賭ける選択肢②を選ぶ。900 ドル失うことの負の主観的価値は，90％の確率で 1,000 ドル失うことの負の主観的価値より大きいため，損失の確定を回避しようとするのである。

　さらに，つぎの問について考えてみよう。

問3　あなたはコイン投げのギャンブルに誘われた。
　　　裏が出たら，100 ドル払う。表が出たら，150 ドルもらえる。
　　　このギャンブルは魅力的か？　あなたはやるか？

　確率は五分五分で，払う可能性のある金額よりもらえる可能性のある金額の方が多いのだから，ギャンブルの期待値は明らかにプラスである。それにもかかわらず，多くの人は，この賭けに魅力を感じず，やろうとしない。それは，100 ドル損をする恐怖感は，150 ドル得をする期待感よりも強いからである

　多くの調査によってこうした心理傾向を抽出したカーネマンは，「損失は利得より強く感じられる」と結論づけている。そして，このような心理を損失回避傾向とみなした。

9.3.2 現在志向バイアス

ダイエットを目指したり，自己啓発のための勉強の計画を立てたりしても，つい目の前の誘惑に負けてしまうということがありますが，それは**現在志向バイアス**があるためです（**コラム 9-1**）。これは，将来における価値よりも，「今，ここ」における価値を重視する心理傾向を指します。苦しくても「今，ここ」で頑張っておかないと将来とても困ることになる（成人病になるかもしれない，仕事を失うかもしれない）と頭ではわかっていても，ついつい「今，ここ」の心地よさ，安楽さを求めてしまう。将来の喜びよりも今の喜びを求め，将来の苦痛よりも今の苦痛を避けようとする。私たちには，そんなところがあります。

ここからもさまざまなマーケティング展開の可能性が見えてきます。たとえば，「今すぐ手に入る」ことに価値を感じると想定されることから，入手に時間がかかるよりは，多少質的に劣ってもすぐ手に入る商品やサービスを好むはずだと考えられます。「すぐに届く」「短時間で解決する」となると，多少高くても頼みたくなるということもあるでしょう。将来の苦痛より「今，ここ」の苦痛を避けようとするということから，「今，ここ」の苦痛に負けないようにサポートする人物がいれば，現在志向バイアスを克服できるのではないかとも考えられます。実際，そうした戦略が功を奏している事例もみられます。

 心理的財布と心的会計

9.4.1 心理的財布

小嶋（1964，1994）が提唱した**心理的財布**という概念があります。私たちがもつ物理的な財布はたとえ1つでも，心の中にはいくつもの財布があり，どの財布から出すかによって，同じ金額の出費でも，高すぎたとして「痛み」を感じることもあれば，納得して「満足」を感じることもあります。それは，何の財布から出費したかによります。たとえば，デートのときなら食事代が1万円かかっても満足できるのに，職場のつきあいで食事代が5,000円かかると痛みを感じたりします。日頃は2,000円の食事でも高すぎると思うのに，旅先だと3,000円の食事でも平気で注文するといったこともあるはずです。このように，

コラム9-1 現在志向バイアスの例

　ダイエットの必要性を感じ，甘いものは控えなければと思っていても，美味しそうなケーキや和菓子を見ると，つい買ってしまう。喫茶店のメニューで，美味しそうなパフェやあんみつを見ると，我慢できずに注文してしまう。「今日くらいいいだろう」といった思いに駆られて，甘いものを口にしてしまう。

　仕事力を高めないとこの先困るから，自己研鑽のための勉強を帰宅後にしなくてはと思っているのに，帰るとテレビを見てだらだら過ごしたり，SNSで友だちとやりとりしたりしているうちに寝る時間になり，何もできないという人がいます。そのような人は，学校時代にも同じパターンを経験しているはずです。今から頑張って勉強していかないと来年の受験で困るからと受験勉強の計画表を作成しても，つい怠惰な気持ちに負けてだらだら過ごしたり，気分転換と称して友だちと遊んでしまい，計画倒れに終わってしまう。

　　　　　（榎本博明『ビジネス心理学　100本ノック』日経文庫より）

156　　第9章　消費者行動とマーケティング

状況によって使う心理的財布が違うのです。同じく日常の用途でも，外食のための財布からの2,000円の出費は高く感じるのに，文化・教養のための財布からだと3,000円の出費も安く感じたりします。外食用財布もいくつかに分けられており，喫茶店用の財布だと800円の出費は痛いのに，夕食用の財布なら1,500円までは許容範囲だったりします。このように商品やサービスによって，また状況によって，支出する心理的財布が違うため，許容額が違ってきます（表9-4）。

　さらに，人によってもっている心理的財布の種類や支払可能な金額が異なります。お金がなくて教科書を買えないという学生たちが，毎週のように飲み会をしているのを見ると，友だちづきあいには数千円を平気で使えても，勉強のための心理的財布からは極力出費したくないのだとわかります。もちろん，そうした傾向は人によって異なり，友だちづきあいための支出は極力抑えながら，自己啓発のためには惜しみなく支出する学生もいます。ゆえに，セグメンテーション（次節参照）を行い，各セグメントごとに，どのような心理的財布をもつ傾向があるか，財布ごとにいくらくらいの支出になると痛みを感じるかを知っておくことは，マーケティングにとって非常に重要となります。

9.4.2　心的会計

　心理的財布に似た概念に，トヴェルスキーとカーネマン（1981）がフレーミング効果の検討の中で提唱した**心的会計**があります。フレーミング効果というのは，どのような構図を当てはめるかで問題の見え方が異なり，意思決定の結果が違ってくることを指します。トヴェルスキーとカーネマンは，2つの条件を設定し，映画のチケット購入をするという人の比率を比較しました（表9-5）。

　調査対象となった383名のうち，200名が条件1に，183名が条件2に振り分けられました。結果をみると，条件2では88%がチケットを買うと答えていますが，条件1ではチケットを買うという人は46%しかいません。ほぼ2倍の開きが出ました。このような違いについて，トヴェルスキーとカーネマンは，条件1ではチケット支出用のアカウントからもう1回チケットを買わない

表9-4　**さまざまな心理的財布とそれに対応する商品例**（小嶋たち，1983より作成）

ポケットマネー用財布……頭痛薬，目薬，週刊誌，ガム，チョコレートなど。

生活必需品用財布……冷蔵庫，洋服ダンス，洗濯機，テレビ，電子レンジなど。

財産用財布……土地，マンション，別荘用土地，乗用車，ピアノなど。

文化・教養用財布……絵画展，音楽会，観劇，レコード，映画など。

外食用財布……友人との食事，外出先での昼食，喫茶店など。

生活水準引き上げ用財布……テープレコーダー，エアコン，百科事典，カラーテレビなど（当時において）。

生活保障・安心用財布……火災保険料，生命保険料，自動車保険料，お歳暮など。

ちょっと贅沢用財布……自動食器洗い機，ホットカーラー，8ミリカメラなど（当時において）。

女性用品用財布……ペンダント，ブローチ，栄養クリーム，ハンドバッグ，ワンピース，化粧品など。

表9-5　**心的会計の調査結果**

条件1＝チケット紛失条件……ある映画のチケットを10ドルで購入したが，映画館に入ろうとしたら，チケットを紛失したことに気づいた。チケットをもう一度買い直すか。

買い直すという人：46%

条件2＝現金紛失条件……ある映画を見ようと映画館に行き，10ドルのチケットを買おうとしたら，現金を10ドル紛失したことに気づいた。チケットを買うか。

買うという人：88%

といけないためチケットを二重に購入する痛みがあるのに対して，条件2では現金とチケットが別々のアカウントになっているため痛みは生じないとし，心的会計による説明をしています。

9.5 セグメンテーション（細分化）

9.5.1 消費者を細分化する

モノが乏しい時代なら，良いモノを作れば面白いように売れたわけですが，モノが溢れる時代になると，消費者の欲求をいかに満たすかを考慮する必要があります。ただし，消費者がどんな欲求をもち，どんなモノを欲しがるかをつかむのが大事だとはいっても，人によって欲求の優先順位が異なるということがあります。そこで重要になるのがセグメンテーションです。

セグメンテーション（細分化：この場合，市場の細分化）とは，消費者の多様なニーズに応えるべく，ターゲットとなる消費者をいくつかの層に細分化することを指します。細分化できたら，それぞれの層の欲求の特徴を探り，それぞれにふさわしい商品を開発し，品揃えをして，購入を促します。あるいは，特定の層をターゲットに絞って，その層に特化した商品開発や商品提供を行います。

9.5.2 セグメンテーションの基準

セグメンテーションには，年齢，性別，住居形態，家族構成などの人口統計学的特性や，職業・年収・学歴などの社会経済的特性が用いられます（表9-6）。たとえば，20代の一人暮らしの独身男性と30代の配偶者も子どももいる男性では，外食の頻度や使う金額も外食の際に行く店も違っているはずです。30代の既婚女性であっても，共働きの女性と専業主婦とでは，もっている心理的財布もそれぞれの財布の許容金額も違っているでしょう。

セグメンテーションを行うことによって，消費者の欲求に見合った商品・サービスの開発ができ，購入を促進することが期待されます。

表 9-6　セグメンテーション（細分化）の基準

【人口統計学的特性】
年齢，性別，住居形態，家族構成など。

【社会経済学的特性】
職業，年収，学歴など。

【心理学的特性】
趣味，関心領域，価値観，性格，行動パターンなど。

9.5.3 サイコグラフィック・セグメンテーション（心理的細分化）

同じく20代の一人暮らしの独身男性であっても，人によって欲求も行動パターンも違います。たとえば，20代の一人暮らしの独身男性でも，自炊をする人と自炊をしない人では，外食する頻度も違うでしょうし，たまにしか外食しない人と日常的に外食している人では行く店の種類も1回の外食で許容しうる予算も違うはずです。同じ年代の勤め人でも，毎日のように喫茶店を利用する人とたまにしか喫茶店を利用しない人では，喫茶店の用途も違えば，1回あたりの予算も違うでしょう。そういった違いを踏まえて，ある程度グルーピングできれば，より欲求に適合した商品・サービスの提供ができるはずです。

そこに登場したのが，**サイコグラフィック・セグメンテーション**（心理的細分化）です。これは，人口統計学的特性や社会経済的特性の他に，趣味，関心領域，価値観，性格，行動パターンなど，心理学的特性も加味してセグメンテーションを行うものです。物質的に貧しく，生活必需品の購入が中心の時代なら，人口統計学的特性や社会経済的特性で足りたかもしれませんが，モノが満ち溢れ，心の充足が中心の時代になると，心理学的特性の重要性が増してきます。サイコグラフィック・セグメンテーションを行うことで，どのような商品・サービスが欲求充足につながりやすいかが明確になるため，せっかく用意した商品・サービスが埋もれてしまうのを避けることができます。

9.6　ポジショニング（位置取り）

どんなに素晴らしい商品や店舗を開発しても，よほど目新しいものでない限り，競合する他社が必ずあるものです。たとえ当初は画期的なアイデアに基づいたものであっても，必ず追随してくる他社が出てくるため，どんな商品あるいは店舗であっても競合他社としのぎを削ることにならざるを得ません。そんな中，消費者に自社商品・店舗を選んでもらうためには，他とは違う何かが必要です。そこで意識されるのが差別化戦略です。競合が予想される他社と差別化して自社商品・店舗の特徴をアピールするためには，消費者によって各ブランドや店舗がどのように受け止められているか，いわば各ブランドや店舗が消

コラム9−2　ポジショニング（位置取り）の実際例

　新しいコンセプトの店を出店するにあたって，既存の他社の店との差別化が不十分だと埋もれてしまいます。そこでポジショニングによる差別化が必要になります。たとえば，高級感を売り物にするのか，低価格を売り物にするのか。前者であれば重厚感や落ち着いて寛げる感じをいかに醸し出すかが鍵になるでしょうし，後者であればコスト削減や利便性が鍵になるでしょう。読書するなど自分の世界に浸れる雰囲気を売り物にするか，知人と楽しく談話できる雰囲気を売り物にするかによっても，こだわるべきところが違ってきます。飲食店であれば，価格と味のほどよいバランスを売り物にするか，素材へのこだわりを売り物にするかによって，工夫すべき点も違ってきます。

　このように，機能面，価格面，デザイン，手触り，素材，雰囲気，耐久性，利便性，アフターサービスなど，それぞれのケースによって適切な軸を設定して，同業他社の商品なり店舗なりをポジショニングしてみると，競合するのはどこで，競合しないのはどこかが見えてきます。そこがはっきりしたら，競合他社とどのように差別化するか，そのためにどんなことができそうかといった戦略を練って，アピールポイントを具現化していきます。

（榎本博明『ビジネス心理学　100本ノック』日経文庫より）

費者の心の中でどのように認知され，どのような感情を喚起するのかを知っておく必要があります。そうした受け止められ方から競合相手の特徴がつかめれば，差別化の方向も見えてきます。そこで行われるのが**ポジショニング**です（**コラム 9-2**）。これは**位置取り**のことで，人間関係を理解したり，自分自身を理解したりする際にも有効な概念ですが，マーケティングでも盛んに用いられるようになっています。

広告の心理

10.1 イノベーション理論とオピニオンリーダー

10.1.1 イノベーション理論

　消費者の購買意欲を促進するために行うのが広告ですが，どのような対象に向けて行うのが効果的かを見極める必要があります。新製品が出るたびに飛びつく人がいますが，それである程度売れたとしても，その後すぐに普及するとは限りません。普及過程をモデル化したロジャーズ（1962）のイノベーション理論では，新製品などの採用の早さによって，ターゲットとなる人たちを5つのカテゴリーに分類しています。統計学的に正規分布を仮定して，それぞれの比率が算出されています（図10-1）。それぞれの特徴は，以下の通りです。

1. **イノベーター（冒険的）**……新しいものにすぐに飛びつく。目新しいものが好きで，冒険好きで，周囲の人たちの動向を気にしないため，変わり者にみられることもある。周囲からは尊敬されていないかもしれないが，普及過程において重要な役割を果たしている。

2. **初期採用者（尊敬の対象）**……比較的早く採用する。情報に目を光らせており，社会に共有されている価値観に照らし合わせてじっくり検討したうえで採用する。

3. **初期多数派（慎重派）**……わりと慎重で，初期採用者たちにより広まり始めたのを確認してから追随する。普及過程でのつなぎ役としての役割を果たす。

4. **後期多数派（懐疑派）**……周囲の多くの人たちが採用しているのを見て，多数派から後れを取りたくないといった発想から追随する。ほとんどの人が採用するまでは動かない。

5. **ラガード（因習派）**……新しいものには抵抗があり，なかなか採用しようとしない保守的な心理傾向をもつ。

10.1.2 オピニオンリーダーと市場の達人

　ロジャーズによれば，新商品や新サービスは普及率が10〜25%に達する頃に普及し始め，50%を超えると急速に普及していきます。このような普及の鍵を握る人物のことをオピニオンリーダーといいます（表10-1）。イノベーター

10.1 イノベーション理論とオピニオンリーダー　165

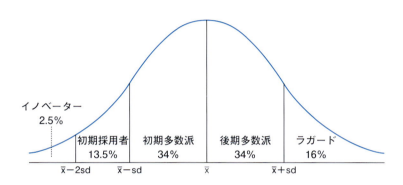

図 10-1　イノベーション理論

イノベーションを採用する時点によって計測される革新性の次元は，連続的な量です。

革新性の変数は，採用時点の平均値（x̄）から標準偏差（sd）分ずつずらすことで，5つの採用者カテゴリーに区分されます。

は変わり者ゆえに，イノベーターが採用しても，周囲の人は躊躇しがちですが，初期採用者が動き出すと，周囲の人たちが影響を受け始めます。その意味で，ロジャーズは初期採用者の中にオピニオンリーダーが含まれるとします。オピニオンリーダーとは，周囲の人たちに対して影響力のある人物のことです。

　カッツとラザースフェルド（1955）のコミュニケーションの2段階の流れ仮説によれば，消費者は直接マスメディアの影響を受けるだけでなく，オピニオンリーダーを通して影響を受けることもあります。カッツとラザースフェルドは，口コミの影響力は，ラジオ広告の2倍，対面販売の4倍，雑誌広告の7倍としています。そうなると，口コミで影響力をもつオピニオンリーダーを対象に情報を流していくのが効果的といえます。インターネットの時代になって，オピニオンリーダーの行動パターンも変わってきました。ブログやツイッター，口コミサイトなど，ネット上での発信によって大きな影響力をもつオピニオンリーダーの存在感が増しています。

　複数の分野にわたって影響力のあるオピニオンリーダーもいますが，服飾分野，金融商品分野，オーディオ機器分野，食品分野，教養分野など，特定の分野にとくに詳しいというのが一般的です。それに対して，分野に限定されない情報通もいます。フェイクとプライス（1987）は，そのような人物を**市場の達人**と名づけました（**表 10-1**）。

10.1.3　口コミ

　企業が仕掛けてマスメディアを通して流す広告などと違って，消費者の間で自然発生的に情報が流れるのが**口コミ**です。かつては対面的な個人間のコミュニケーションを通して情報が流れるのが一般的でしたが，ネットコミュニケーションが盛んに行われるようになり，口コミもインターネットによるものが中心になってきています。実際，ツイッターやブログ，フェイスブックやインスタグラムといった SNS の書き込みや写真がきっかけになって，特定の商品や店，イベント，場所などが注目され，人が殺到するといったことも珍しくありません。

　インターネット上の口コミの特徴として，かつてのような対面的コミュニ

10.1 イノベーション理論とオピニオンリーダー

表 10-1　オピニオンリーダーと市場の達人を見つけるための質問項目
（杉谷，2012）

【オピニオンリーダー尺度】（ソロモン，2011 より作成）

1. 普段あなたは友人や近所の人と（　　）について話すことがあります
   か？
2. あなたが友人や近所の人と（　　）について話す時，多くの情報を提供
   できますか？
3. この 6 ヶ月間で，新しい（　　）について何人に話をしましたか？
4. 周りの友人と比べて，あなたは（　　）についてどれくらいよく尋ねら
   れますか？
5. 新しい（　　）について話す時，あなたは聞き手になることが多いです
   か？　話し手になることが多いですか？
6. 友人との会話の中で，あなたは情報源として利用されることが多いです
   か？

【市場の達人尺度】（フェイクとプライス，1987 より作成）

1. 友人に新しいブランドや新商品を紹介するのが好きだ。
2. 色々な商品について情報提供をして人の役に立つことが好きだ。
3. 人から商品やお店やセールについて聞かれる。
4. さまざまな商品について，どこで買ったら一番良いかと尋ねられたら，
   答えることができる。
5. 私の友人は，新商品やセールに関しては私が良い情報源だと思っている。
6. さまざまな種類の商品についてよく知っており，その情報を他の人と共
   有するのが好きな人を思い浮かべてください。その人は新商品やセール
   やお店についてよく知っていますが，自分はある商品の専門家だとは必
   ずしも思っていません。この説明はあなたに当てはまりますか？

ケーションによる口コミと比べて，現実に会うことがないような不特定多数の人たちに情報が流れるため一気に拡散する可能性があることや，対面場面でしゃべられた言葉と違って書き込まれた情報が記録に残るためいつまでも影響力をもつことがあります。

口コミの影響力に関しては，飲食店を選ぶのに38％の人が口コミ情報を参考にしているという報告（ウォーカー，1995）や映画の興行収入が大きな影響を受けているといった報告（バサロイたち，2003）などがあります。SNSへの新規加入者を獲得するための広告活動の効果を比較した研究では，メディアを介したPRやイベントの効果は数日しか続かないのに対して，口コミの効果は3週間続くことが示されています（トルソフたち，2009）。さらに，口コミで伝わる肯定的な情報と否定的な情報を比較すると，否定的な情報の方が影響力が大きいとされ，実際にオンライン書店の売れ行きは肯定的なレビューよりも否定的なレビューの影響を受けやすいことが確認されています（シェヴァリエとメイズリン，2006）。

そこには損失回避（9.3参照）と関係する**ネガティヴィティ・バイアス**が働いていると考えられます（バウマイスターたち，2001；ロジンとロイズマン，2001）。それは，否定的な情報にとくに注意が向く心理傾向を指します。ゆえに，口コミによる否定的な情報の影響力は侮れません。現実に，口コミで悪い情報が流されたために危機的状況に陥った企業や店の事例もみられます。そこで，口コミを利用する仕掛けをする企業や店も出てきています。そうなると，元々は口コミというものは非営利的な情報の流れとみなされてきましたが，営利的な口コミもあるので，消費者としては注意が必要です。

10.2 広告の話題性効果，希少性効果，計画的陳腐化

10.2.1 話題性効果

広告というのは，それに直接触れた人にだけ効果があるというわけではなく，その広告に直接触れた人が学校や職場で，あるいは近所の人たちとの雑談の場，PTAや趣味の会の場などで，その広告情報を話題にすることで，集団心理を

表 10-2　広告の話題性効果を上げるための表現のポイント（小嶋，1993より作成）

1. 映像や写真やイラストよりも，言葉，キャッチフレーズが重要。
2. その言葉，キャッチフレーズが，いろいろな場面で活用や応用ができること。
3. 元のキャッチフレーズのパロディーや言い換えが簡単にできること。
4. その言葉がちょっと変わったイントネーションで使われると効果的。
5. 言葉だけでなく，ちょっとした身振りやアクションも入れると効果的。

ベースに広く効果を発揮することがあります。小嶋（1993）は，このような広告の影響力のことを**話題性効果**と呼び，日本の広告界においてこれまでヒットした広告は，この話題性効果に成功したものを指すことが多いとしています。

　そこで，企業や店舗なども，いかにして話題性効果を上げるかに腐心することになります。いわば話題づくりです。小嶋は，広告の話題性効果を上げるための表現のポイントを5つあげています（**表10-2**）。ただし，小嶋は映像や写真は集まりの場で見られないから，話題にするには言葉が重要としていますが，今はスマートフォンで簡単に写真や映像を見られるので，そうした制約はなくなっています。

10.2.2　希少性効果

　珍しいものに興味を惹かれるのは，だれもが経験したことがあるはずです。チャルディーニ（2008）は，影響力の武器として6つの要因をあげていますが（第8章参照），その一つが希少性です。人間には，**希少性**に価値を感じ，惹きつけられる心理傾向があります。

　有賀と井上（2013）は，プレーンクッキー（白色クッキー）とチョコクッキー（黒色クッキー）を用いた実験により，数が減ったクッキーの味を高く評価する傾向があることを確認しています（**コラム10-1**）。そうした心理傾向を想定して行われるのが，希少性をアピールする広告です。

10.2.3　計画的廃物化

　製品がいったん消費者の間に行きわたったらもう2度と売れないということになると，生産者側は困ってしまいます。そこで，消費者の購買意欲をかき立てるために，さまざまな戦略が用いられます。広告を含めたマーケティング戦略です。広告の目的として，新たな購買意欲を刺激し，促進するということがあります。広告を行うのは営利企業なので，場合によっては不必要に購買意欲を煽ることもあります。そのような広告手法に計画的廃物化があります。

　計画的廃物化とは，新たなものを買わせるために，その製品の寿命を意識的に短くする戦略のことです。パッカード（1960）は，計画的廃物化を機能の廃

コラム10-1 希少性の認知が評価に影響することを証明した実験

　プレーンクッキー（白色クッキー）とチョコクッキー（黒色クッキー）を用いた実験。

　クッキーが10枚入っている容器Aを見せてから，クッキーが5枚しか入っていない容器Bと差し替える。

　以下の3つの条件を設定。

「白減少条件」：容器Aには白色クッキー9枚，黒色クッキー1枚。

「黒減少条件」：容器Aには白色クッキー4枚，黒色クッキー6枚。

「統制条件」：はじめから容器Bを与える。

　容器Bには，どの条件も，白色クッキー4枚，黒色クッキー1枚。

　容器Bの白色クッキーと黒色クッキー，それぞれ1枚ずつ食べて，味の好ましさを評価する。

　結果：「白減少条件」では白色クッキーの方が好まれた。

　　　　「黒減少条件」では黒色クッキーの方が好まれた。

　このように，数が減少したクッキーに好ましい評価が与えられることが確認された。

（有賀と井上，2013より）

表10-3 計画的廃物化 （パッカード，1960より）

1. **機能の廃物化**……既存製品が時代遅れになるように，より良い機能をもった新製品を投入すること。
2. **品質の廃物化**……比較的短期間のうちに，製品が壊れるか，消耗してしまうように計画すること。
3. **欲望の廃物化**……機能や品質の点では健全な製品をスタイルやデザインなどの変化によって古く感じさせ，他のものを欲しがるようにさせること。

172　　　　　　　　　第 10 章　広告の心理

物化，品質の廃物化，欲望の廃物化の 3 つに分類しています（表 10-3）。高性
能の製品が出ると，すでにもっているのに新製品がほしくなるのは，手元にあ
る製品が廃物化したからといえます。まったく痛んでいないし，品質上何の問
題もないのに，流行の推移により，どうも身につけづらくなり，新たな流行に
沿ったものを購入するというのも，手元にある製品が廃物化したことによるも
のといえます。

10.3　AIDMA モデルと態度変化戦略

10.3.1　AIDMA モデル

　広告効果に関するモデルで最もよく知られているのが，1920 年代にホール
によって提唱された AIDMA モデルです。これは，広告に接することで，消費
者がまず商品やサービスに注目し，興味・関心をもち，欲望が喚起され，その
商品やサービスのことが記憶に刻まれ，それが購買行動を誘発するというもの
です（図 10-2）。

　ただし，広告による消費者の態度変容は，このように直線的に進行するとは
限らないとの批判もあり，複数の情報処理ルートを仮定する精緻化見込みモデ
ル（第 8 章参照）の方が説明力が高いと考えられます。たとえば，消費者に
とって何としても損失を防ぎたいと思うような重要な購入と，実質的にはどう
でもいいような日用品の購入では，まったく違った情報処理ルートを経由する
はずです。しかし，複数ルートのモデルは回路が複雑なため，相変わらず
AIDMA モデルやその修正版がよく用いられています。

10.3.2　広告による態度変化戦略

　消費者に購買行動を取ってもらうには，売り込む商品やブランドに対する好
意的態度を形成する必要があります。それこそが広告の目指すところのはずで
す。杉本（1993）は，ウィルキー（1990）が示した 5 つの態度変化戦略を
フィッシュバイン・モデルに当てはめて，広告による態度変化戦略として，つ
ぎの 5 つをあげています（表 10-4）。

図 10-2　AIDMA モデル

表 10-4　広告による態度変化戦略（小嶋，1993 より作成）

1. **信念を変化させる戦略**……広告するブランドに対する信念を直接変化させる戦略。
2. **評価を変化させる戦略**……選択基準となっている基準の評価（重要度）を変化させる戦略。
3. **まったく新たな属性を付加する戦略**……広告が行われる前には選択基準となっていなかった属性が重要なものであることをアピールする戦略。
4. **弱点となる属性を意識させない戦略**……広告するブランドにとって弱点となる属性が重要な選択基準として意識されないようにする戦略。
5. **競合ブランドの信念の評価を低下させる戦略**……競合ブランドに対する信念を否定的な方向に変化させることで，市場の中で相対的に地位を向上させる戦略。

1. 信念を変化させる戦略
2. 評価を変化させる戦略
3. まったく新たな属性を付加する戦略
4. 弱点となる属性を意識させない戦略
5. 競合ブランドの信念の評価を低下させる戦略

10.4 広告の効果要因

10.4.1 比較広告の効果

　自社ブランドを売り込む際に，競合するブランドと比較し，自社の優位性を強調するのが比較広告です。濱（1991）は，架空のシャンプーに関して，従来型広告，メリット型比較広告（自社ブランドのメリットを強調），デメリット型比較広告（相手ブランドのデメリットを指摘する）という3つのタイプの広告（表10-5）により，企業イメージや商品イメージがどのように異なるか検討しています。その結果，比較広告は従来型広告と比べて，腹黒く信用できない悪い広告といったイメージで，反感さえ感じさせること，とくにデメリット型比較広告は悪いイメージになることがわかりました。濱は，このような結果は，日本人の比較広告アレルギーを裏づけていると指摘しています。日本ではとくに相手を非難する行為に対して厳しい評価がなされるものの，デメリット型比較広告は，奇抜で目にとまりやすく，興味をひく効果があることも確認されました。さらに，従来型広告より比較広告の方が，企業イメージも商品イメージも否定的に評価されることも明らかになりました。また，比較広告で取り上げられた相手企業やその商品のイメージについては，メリット型比較広告よりデメリット型比較広告で取り上げられた場合の方がイメージが悪くなっており，デメリット型比較広告が攻撃効果をもつことが示されました。

10.4.2 反復と間隔

　広告の目的は購買行動を促進することです。そのためには，広告内容を記憶してもらう必要があります。広告の記憶保持率に関しては，テレビ広告，ラジ

表 10-5　比較広告実験の 3 条件

従来型広告……自社ブランドのメリットを比較なしに訴求する広告。

メリット型比較広告……自社ブランドのメリットを強調する比較広告。

デメリット型比較広告……相手ブランドのデメリットを指摘する比較広告。

オ広告，新聞広告，雑誌広告などについてデータがとられ，繰返し情報提示をすることの効果が示されたりしています。ただし，何でも繰り返せばよいというわけではありません。広告の反復は，集中して行うよりも，ある程度間隔をおいた方が想起率が高く効果的であることがわかっています。その理由の説明として，注意仮説，符号化変動性仮説，検索仮説があります（棚橋，2012；表10-6）。

10.4.3　広告の記憶保持と潜在記憶

　広告内容やブランド名の再認や再生の調査・実験は，顕在記憶しか扱っていません。広告の効果には，顕在記憶を経由せず，潜在記憶から購買行動に影響しているものもあるはずです。

　ヨー（2008）は，インターネットのバナー広告を用いた実験で，潜在記憶が広告効果につながっていることを確認しています。バナー広告に注目するように言われた人たちは，そのように言われずホームページの内容に集中していた人たちよりも，広告の再認テストで好成績となりました。しかし，広告のブランドに対する態度は，両群に違いはなく，ともに好意的でした。つまり，ホームページの内容に集中していた人たちは，広告を見たことを思い出せないにもかかわらず，そのブランドに対して好意的態度を示したのです。それは，当然購買行動の促進要因になります。そうなると，広告の効果を検討するには，顕在記憶の保持率を問題にするだけでは不十分で，潜在記憶から購買行動への流れも考慮に入れるべく，態度を測定したり直接購買行動を測定したりする必要があります。

10.5　広告目標の明確化

　広告の目的は消費者の購買意欲を刺激し，購買行動を促進することですが，そのために何を目標とするかが漠然としたまま広告が行われることも少なくありません。そこを明確にすべきと主張したのがコリーです。コリー（1961）が提唱したDAGMARという概念は，測定された広告効果のための広告目標を定

表 10-6　広告の反復における間隔効果の説明仮説

1. **注意仮説**……同じ広告だとわかると注意を払わなくなるため，立て続けに繰り返すより，少し間隔を置く方が効果があるとするもの。

2. **符号化変動性仮説**……広告の間隔があくことで符号化の変動性が増すため，想起しやすくなるとするもの。時間をおいた方が状況が変わったり本人の心境が変わったりしやすく，以前と異なる符号化が行われるため，思い出すための手がかりが多くなる。

3. **検索仮説**……情報を検索するたびに定着度が増し，想起しやすくなるとするもの。直後だと検索の労力がいらないが，多少間隔があくと検索に労力を要し，そのことが記憶の定着を強化する。

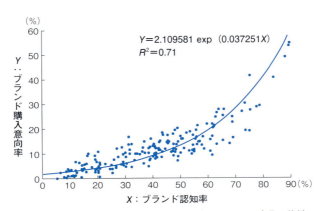

(電通キャンペーン事例データベースに採録されている食品・飲料の新商品キャンペーン183事例（2001年1月～2012年6月）を元に分析)

図 10-3　ブランド認知率と購入意向率の相関 (楠本, 2013)

義するということ，つまり広告効果を数値化した形で広告目標を設定するという意味です。たとえば，広告認知率を高める，ブランド認知率を高める，購入意向率を高めるというように測定可能な形で広告目標を設定することです。より具体的には，ブランド認知率何％以上を目指すというような形での広告目標の設定です。

　楠本（2013）は，飲料・食料品カテゴリーの新商品キャンペーンについて，ブランド認知率と購入意向率の相関関係を分析した結果を示していますが（図10-3），これをみると新商品のブランド認知率が 50 〜 60％を超えると購入意向率が急激に高まっていくことがわかります。そうなると，広告目標としては，ブランド認知率 50％超え，あるいは 60％超えに設定するのが妥当ということになります。

リーダーシップと組織のコミュニケーション

180 第11章　リーダーシップと組織のコミュニケーション

11.1　リーダーシップとは

11.1.1　特性論的アプローチから行動論的アプローチへ

　リーダーシップとは集団目標の達成に向けて集団をまとめながら引っ張って
いくことを指します。リーダーシップの研究は，当初は優れたリーダーはどの
ような特性をもつのかを明らかにしようという特性論的アプローチが中心でし
たが，その後優れたリーダーはどのような行動を取っているのかを明らかにし
ようという行動論的アプローチが盛んに行われるようになってきました。そう
なると，どのような性格的特徴をもつ人物であっても，リーダーにふさわしい
行動を心がけることにより，効果的なリーダーシップを発揮できるようになる
と期待できます。

11.1.2　リーダーシップのタイプと機能

　レヴィンたち（1939）は，専制型，民主型，放任型という3つのリーダーの
タイプを設定し，その影響を比較検討する実験を行いました（図11-1）。レ
ヴィンの共同研究者であるホワイトとリピット（1960）も，レヴィンの理論に
基づいた実験を行っています。その結果，専制型と民主型のリーダーのもとで
作業成績が良いこと，民主型リーダーのもとでは集団の雰囲気も良好でメン
バーの満足度も高いが専制型リーダーのもとでは作業量は多くても集団の雰囲
気が悪く満足度も低いこと，放任型リーダーのもとでは作業量も作業の質も悪
く集団としてのまとまりも悪いことなどが明らかになりました。つまり，民主
型リーダーが最も効果的ということになったわけですが，この古典的研究を
きっかけにリーダーシップのスタイルの違いによる集団への影響を検討する研
究が盛んになりました。

　そうした流れの中で浮上してきたのが，リーダーシップのもつ2つの機能で
す（図11-2）。それは，課題遂行（目標達成）を志向する機能と集団の成員同
士の人間関係を志向する機能です。その後の多くの研究は，この2つの機能に
よってリーダーシップをとらえようとするようになりました。専制型は課題遂
行のみに重点を置くリーダーシップスタイル，民主型はとくに人間関係やメン

図 11-1　リーダーシップの 3 つのスタイル（レヴィンたち，1939）

1. 課題遂行（目標達成）を志向する機能
2. 集団の成員同士の人間関係を志向する機能

図 11-2　リーダーシップに求められる 2 つの機能
PM 理論もこの 2 つの機能で成り立っています。

第 11 章　リーダーシップと組織のコミュニケーション

バーの満足を配慮するリーダーシップスタイルといえます。その中でも代表的なのが，つぎの項目で取り上げる PM 理論です。

11.2　PM 理論

　三隅が提唱したリーダーシップ理論が PM 理論です（三隅，1984，1986）。PM 理論の P はパフォーマンスの頭文字からとったもので，集団における目標達成や課題解決を促すことを指し，目標達成機能といいます。M はメンテナンスの頭文字からとったもので，集団の維持やまとまりを促す機能を指し，集団維持機能といいます。リーダーに求められる P 機能や M 機能として，具体的にどのような行動があるかを表に示しました（表 11-1）。それぞれの機能を万遍なく発揮しているリーダーは多くはないでしょう。リーダーの性格もさまざまであり，P 機能は強いが M 機能がやや弱いとか，その逆のタイプとか，それぞれに個性があるものです。リーダーとしては，P 機能・M 機能ともに強いのが理想ですが，現実的にはリーダーの苦手な機能をサブリーダーが補うなど，P 機能と M 機能を分担するような工夫も必要でしょう。

　この 2 つの機能の強弱により，P 機能も M 機能も強く発揮するリーダーシップを PM 型，P 機能のみ強く発揮するリーダーシップを Pm 型，M 機能のみ強く発揮するリーダーシップを pM 型，どちらの機能も弱いリーダーシップを pm 型として，リーダーシップのスタイルを 4 つに類型化することができます（図 11-3）。三隅たち（1979，1988）は，さまざまな企業の中間管理職を対象に，リーダーシップスタイルと職場の活性度など生産性との関係についての調査を行っています。その結果，PM 型リーダーが最も有効であることが実証されています。

11.3　社会的勢力

　人が人に及ぼす影響力，いわゆる社会的勢力に関して，フレンチとレイヴン（1959）およびレイヴン（1965）は，報酬勢力，強制勢力，正当勢力，準拠勢

表 11-1 目標達成機能（P機能）と集団維持機能（M機能）を担う行動
(榎本，2014)

【P機能】
1. 目標を明確化し，部下に目標をたえず意識させる。
2. 目標達成のための計画を立てる。
3. 部署としての方針を決め，それを徹底させる。
4. 目標達成のための方法を具体化し，それを部下にしっかり理解させる。
5. 部下に役割を割り振り，それぞれの役割分担を明確にする。
6. 部下に行動の開始や役割の遂行を促す。
7. それぞれの部下の仕事の進捗状況を把握している。
8. 目標達成の過程で生じた問題点を明確化し，その対処法についてアドバイスを与える。
9. 情報源・アドバイザーとしての役割を果たすべく，専門的知識や技能の習得に励む。
10. それぞれの部下の成果を正確に把握し，正当に評価する。

【M機能】
1. 快適かつ友好的な雰囲気の醸成・維持に配慮する。
2. 部下相互の交流を促進する。
3. 部下相互の情報交換を促進する。
4. 少数派にも発言の機会を与えるよう配慮する。
5. 内部でいざこざが生じたときは仲裁する。
6. 集団の和を乱す部下に対しては適切な対処をする。
7. 部下ひとりひとりの意見を尊重し，自主性・当事者意識をもたせる。
8. 部下ひとりひとりの気持ちに配慮し，不平・不満に耳を傾ける。
9. 悩みや迷いを抱える部下の相談に乗る。
10. 部署の代表として，必要なときは他の部署の人たちとの交渉を行う。

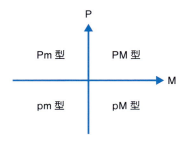

図 11-3　PM理論の4つのリーダーシップスタイル

184　　第11章　リーダーシップと組織のコミュニケーション

力，専門勢力，情報勢力の6つを指摘しています（**表11-2**）。

　報酬勢力も**強制勢力**も，有無を言わさぬ影響力として部下に迫るもので，部下は納得のいかない場合でも仕方なく従うものの，心から納得したわけではないため，心理的反発が予想されます。アドバイスもできない上司に仕方なく従うのも，これらの勢力によるものといえます。**正当勢力**も，報酬勢力や強制勢力と同様，「仕方なく」といったニュアンスが漂うものといえます。**準拠勢力**は，「この人のようになりたい」といった同一視を基礎としており，好意的感情と心理的一体感があるため，報酬勢力や強制勢力，正当勢力のような「無理やり」とか「仕方なく」といった感じではなく，部下など影響力の受け手の側から喜んで指示や注意を受け入れます。**専門勢力**は，部下が上司の専門的能力に敬意をもつため，報酬勢力や強制勢力，正当勢力のような「無理やり」とか「仕方なく」といった感じはなく，部下は何の抵抗もなく指示や注意を受け入れます。必要な情報にアクセスする能力は，ITの時代になってますます重要となってきており，**情報勢力**をもつ人物の影響力は，上司から部下という方向のみならず，部下から上司という方向でも重要度が高まりつつあります。

　上司が部下に対して報酬勢力や強制勢力，あるいは正当勢力をもつのは当然のことですが，それだけだと仕方なく従っているといった感じになり，形だけは指示通りに動いても，目の届かないところでは適当に手を抜くとか，最低限の義務は果たすけれども気合いが入らないというようなことになりがちです。リーダーとしては，専門勢力や情報勢力は必須といえますが，できることなら準拠勢力ももちたいものです。

11.4　集団成熟度とリーダーシップ

　ハーシーとブランチャード（1977）は，部下の習熟レベルによって効果的なリーダーシップスタイルは違ってくるとし，リーダーシップのライフサイクル理論を提唱しました。その理論では，**集団の成熟度**を4つの段階に分け，それぞれにふさわしい**リーダーシップスタイル**を提示しています。

　部下の習熟度が低い，つまり集団の成熟度が低い第1段階では，指示的な行

表 11-2　社会的勢力の 6 つの基盤

1.　報 酬 勢 力

昇給やボーナスの高い査定，昇進や表彰，配置転換で希望を叶えるなど，金銭報酬，地位報酬，やりがいといった報酬を与える力をもつことに基づく影響力。

2.　強 制 勢 力

昇給見送りや減給，賞与の低い査定，昇進見送りや降格，処分，左遷など，金銭，地位・名誉，やりがいなどの面において，罰を与える力をもつことに基づく影響力。

3.　正 当 勢 力

地位関係や役割関係により，影響力の与え手が自分に影響力を及ぼすのは当然のことだと受け手が認識していることに基づく影響力。

4.　準 拠 勢 力

影響力の受け手，たとえば部下の側が影響力の与え手に対して抱く好意的感情と心理的一体感に基づく影響力。

5.　専 門 勢 力

影響力の与え手がある領域において経験が豊かで専門的な知識やスキルが自分より上であると受け手が認めることに基づく影響力。

6.　情 報 勢 力

影響の与え手が有用な情報をもっていたり情報源に詳しかったりすることに基づく影響力。

動を中心とした**教示的リーダーシップスタイル**が有効だといいます。部下が多少習熟してきた第2段階では，指示的な行動が中心とはなるものの，部下の気持ち面も配慮する**説得的リーダーシップスタイル**が有効だとします。さらに集団が成熟した第3段階では，部下の仕事力は高まっているため，指示的な行動を減らし，ある程度自主性に任せて，部下のモチベーションを高めることを重視する**参加的リーダーシップスタイル**が有効であるとします。最後の第4段階では，集団が十分に機能するように成熟しているため，部下の自主性や自立性を尊重し，自由裁量の部分の多い**委譲的リーダーシップスタイル**が有効であるとします（図11-4）。

　このようなリーダーシップのライフサイクル論は，部下たちの能力状態に合わせて自分自身のリーダーシップスタイルを柔軟に切り替えていくことのできるリーダーが集団を成功に導くという視点に立っています。集団の成熟度が低いときは，明確な方向づけや指示を中心とした，いわゆる強いP機能を発揮することが求められます。目標達成に向けて，自分なりのビジョンを強烈に押し出し，多少強引であってもグイグイ引っ張っていくリーダーシップが有効となります。そうでないと集団としての推進力が生まれません。その段階で部下たちの自主性を尊重し，指示を出すのを遠慮していたら，個々の成員の役割があいまいになり，集団としてうまく機能せず，成功は期待できません。事業がある程度軌道に乗ってきたら，P機能を少し緩めて，適度に権限を委譲し，個々の成員に責任をもたせ，自覚と自主性を促すことで，モチベーションを高めることが必要になります。仕事に慣れてくれば，個々の成員も自分なりの視点をもって動きたくなります。いつまでも上からの指示でロボットのように動かされるばかりでは，モチベーションが低下してしまい，能力が結集されません。

11.5　変革型リーダーシップ

　変動が激しく先の読めない時代になり，必要性がますます強まっているのが**変革型リーダーシップ**です。産業構造が安定していた時代であれば，組織としてめざすべき方向ははっきりしており，部署としてすべきことも明確なため，

11.5 変革型リーダーシップ

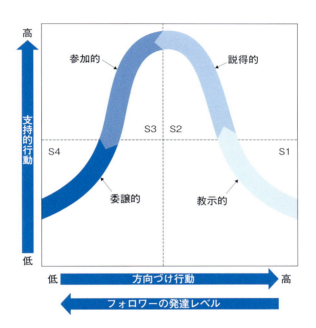

図 11-4 集団の成熟とリーダーシップ
(ハーシーとブランチャード, 1982；本間, 2011 を一部修正)

188 第11章　リーダーシップと組織のコミュニケーション

日常業務を滞りなく，能率的にこなしていくように促す業務処理型のリーダーシップが求められました。しかし，止まるところを知らない IT 革命により，産業構造がめまぐるしく変動し，組織としてめざすべき方向も刻々と変化していく可能性のある時代には，業務処理型のリーダーシップでは対応しきれません。部下に与えた課題の遂行を促すだけでなく，どんな課題を与えるべきかも絶えず見直していく必要があるからです。そこで求められるのが変革型リーダーシップです。

　ゴールに向けて部下を駆り立てるのが従来のリーダーシップだとすると，変革型リーダーシップは，どこにゴールを設定すべきかを絶えず検討し，最適のゴールに向かえるように柔軟にゴール設定を修正していきます。そのためには，**表 11-3** のような視点が必要となります。

　リーダーだけでなく部下一人ひとりにも変革的な視点をもってもらわないかぎり，これからの組織の発展はありません。組織内の人間関係にとらわれ，社内遊泳術だけで生きているような人材は，組織を維持することに価値があった時代には有用性もありましたが，絶えず変革が求められる時代には害にしかなりません。そこで，変革型リーダーは，部下に対しても，変化の必要性をアピールし，組織の外に目を向けるように促します。組織の維持だけを考えていたら，組織そのものの存在が危うくなることを実感してもらうように促します。そのために自分なりのビジョンを示し，部下を刺激していく必要があります。

　バス（1998）は，変革型リーダーシップの構成要素として，**カリスマ性**，**意欲を刺激すること**，**知的刺激を与えること**，**個別に配慮すること**の4つをあげています（**表 11-4**）。この中の**カリスマ性**があれば，変革型リーダーシップは有効に機能する可能性が高まります。そのためには，だれもが納得いくような説得力のあるビジョンを提示することが必要です。本章の冒頭で，特性論的なリーダーシップ研究から行動論的なリーダーシップ研究へという流れを指摘しましたが，ここに来てカリスマ性が注目されることとなり，再び特性論的な視点が浮上してきました。

　ただし，変革促進的な要素の必要性ばかりが叫ばれることによる弊害も認識しておく必要があります。集団の維持ばかりに目が向いていると，社会の変化

11.5 変革型リーダーシップ

表 11-3 変革型リーダーシップに求められる視点

1. 組織の中だけでなく，組織を取り巻く環境にも目を向ける。
2. 技術革新がもたらす人々のライフスタイルや欲求の変化に目を向ける。
3. 組織の発展のためにめざすべき方向性についてのビジョンをもつ。
4. 慣習にとらわれずに，組織の発展のために必要な組織変革に目を向ける。
5. 組織内の人間関係も大切だが，大きな視野に立って決断する。

表 11-4 変革型リーダーシップの構成要素

1. **カリスマ性**
部下が敬愛し憧れるような，人を引きつける力をもつ。
2. **意欲を刺激すること**
部下のやる気を引き出すことができる。
3. **知的刺激を与えること**
部下の能力開発を促すことができる。
4. **個別に配慮すること**
部下それぞれの目標や気持ちを配慮しつつ，適切なサポートができる。

に対応していけないということから変革型リーダーシップが必要とされるわけですが，従来型のリーダーシップに含まれる集団維持機能が疎かになると，集団としてうまく機能していけません。そうした観点から，アヴォリオ（1999）のいう統合的リーダーシップが求められます。これは，集団をまとめていく**交流型リーダーシップ**と変化への対応を促す変革型リーダーシップを併せもつものといえます。

11.6 コミュニケーション・ネットワーク

集団におけるコミュニケーションに関しては，リーヴィット（1951）による**コミュニケーション・ネットワーク**のモデルが広く知られています。リーヴィットは，**図 11-5** のように**車輪型**，**鎖型**，**Y 字型**，**円型**という 4 つのコミュニケーション・ネットワークをモデル化し，5 人の集団を設定して，それぞれの課題遂行の効率を比較しました。その結果，車輪型が最も効率がよく，円型が最も効率が悪く，Y 字型，鎖型がそれらの中間になりました。

車輪型では中心点，Y 字型では分岐点に位置する人物に情報が集中します。ゆえに，他の成員が情報を得るには，その中心人物を通さないといけないということになります。鎖型においても，中間点の人物がコミュニケーションにおいて中心的な役割を担うことになります。それに対して，円型にはコミュニケーションの中心となる人物はいません。ここからいえるのは，集団が課題をうまく遂行していくためには，コミュニケーションにおいて中心的役割を担う人物，つまりリーダーが必要不可欠だということです。

また，このモデルを用いた実験結果から示唆されるのは，車輪型や Y 字型のようにコミュニケーションラインの交差点に置かれた人物が自然にリーダーの役割を演じざるを得なくなるということです。そこからさらに示唆されるのは，新たなリーダーを育てようという際には，コミュニケーション・ネットワークにおいて中心的な位置に置くことでリーダー的な役割の経験を積ませることができるということです。

ただし，集団の成員の気持ちの満足度という点からは，特定の人物に情報が

11.6 コミュニケーション・ネットワーク

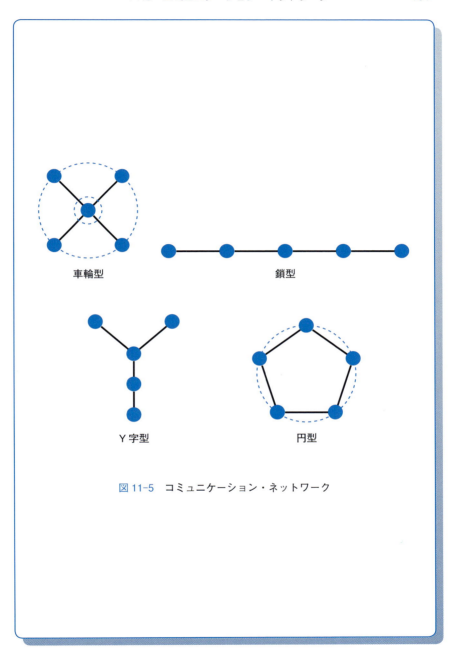

図 11-5 コミュニケーション・ネットワーク

集中することのない円型が最も満足度が高くなります。いくら効率が良くても，成員が不満を抱きがちでは集団としてうまく機能していけません。こうしてみると，課題遂行を促す機能と集団をまとめる機能というリーダーシップの主要な2つの機能がコミュニケーション・ネットワークと密接に関係していることがわかります。

組織風土と
組織の意思決定

12.1 組織風土と属人思考

12.1.1 風通しが悪く，意見を自由に言えない組織風土

　企業や役所などの不祥事が発覚するたびに疑問視されるのが，なぜそのようなおかしなことがまかり通ってきたのかということです。だれかが勝手におかしなことをやったわけではなく，ちゃんとした手続きを経て組織としての意思決定が行われているのです。そこで問われるのが組織風土です。

　だれもがおかしい，あるいは危ないと感じる案件が全会一致で通っていたということが，不祥事が明るみに出た際にしばしば報道されますが，それはけっして特殊な会議のあり方ではありません。ちょっと危うい感じがしても，提案者に疑問をぶつけたり反対意見を表明したりするのも気まずいし，ここは提案者に任せるしかない，といった気持ちで黙っていると，「とくに異議がないようですので，全会一致で承認ということにしたいと思います」という議長の声が響き，内心釈然としないままつぎの議題に移る。これは，どの組織でもよく見かける光景です。自由に意見を言えないような組織風土が，いつの間にかできあがってしまっているのです（コラム 12-1）。

　このようなことがないようにと組織の改革が行われますが，たいていは組織の構造や制度をいじるばかりで，風土を変えるまでには至りません。組織風土というのは，メンバーの思考や行動に無意識のうちに影響を与えます。いくら組織の構造や制度を変えたり整備したりしたところで，その中でどう動くか，制度をどう活かし，規則をどう適用するか，会議をどう運営するかなどは，すべて組織風土しだいといえます。そこで求められるのが組織風土の変革です。

12.1.2 組織の意思決定を歪める属人思考

　組織風土が不祥事を生み出す温床になっているといわれても，自分たちの組織風土に問題があるのかわからない，という声も聞こえてきそうです。そこでチェックすべきは属人思考です。組織的違反の主要な原因は，規定等の整備不良などではなく属人思考であることが，心理学的調査によって明らかになっています。コンプライアンス重視などといって規定等をいくら整備したところで，

コラム 12-1　企業不祥事の背後にある「風通しの悪さ」

　オリンパスの損失隠し問題に関する同社の第三者委員会が公表した報告書によれば，不正に対して異論を唱える雰囲気が社内になかったという。

　「風通しが悪く，意見を自由に言えないという企業風土が形成」されていたと報告書は記している。営業実態と比べて高額な買収や，常識を超える巨額の手数料支払いが取締役会にかけられても，十分な検討はされなかった（朝日新聞 2011 年 12 月 7 日付朝刊）。結局，議長である当時の社長から「いいですか」と発言があり，とくに反対もなく承認されたという（朝日新聞 2011 年 12 月 7 日夕刊）。（榎本博明『「俺は聞いてない！」と怒りだす人たち』朝日新書を一部修正）

　日本を代表する企業である東芝の不正会計問題は日本中に大きな衝撃を与えた。NHK「クローズアップ現代＋」の取材によれば，社長による，決算までの 3 日間で 120 億円の利益を出すようにといった不可能な要求に対して，反論する人はいなかったという。

　元取締役も，「こんなことでいいのだろうか」と正直思ったが，何も発言できなかったという。本来会計をチェックすべき部門までが，社長の意を汲んで，現場に圧力をかけるようになっていった。子会社の社長も，「社長の意に沿う数字を作ることに一生懸命になってしまった」という（NHK「クローズアップ現代＋」2015 年 7 月 29 日放送分の記録より）。

（榎本博明『「忖度」の構造』イースト新書）

　三菱自動車による燃費データ偽装もあってはならないことだったが，無理な目標達成を迫られた揚げ句のことだったという。三菱自動車がまとめた調査結果では，責任者について，「高圧的言動による物言えぬ風土を醸成した」と認定している。

（朝日新聞 2016 年 5 月 13 日朝刊）

その運用面に属人思考が無意識のうちに入り込みます。

属人思考とは，「事柄」についての認知処理の比重が軽く，「人」についての認知処理の比重が重い思考です（岡本，2006）。たとえば，財務の健全性について検討したり，新規案件の収益見通しやリスクについて審議したりする際に，本来はその事案そのものについて検討したり議論したりすべきなのに，だれが責任者か，だれの提案か，だれの実績になるかなど，人間関係に大きく左右されてしまう思考を指します。事案の評価に人間関係的な要素が入り込んでしまうのです。その結果，組織にとってリスクの大きい事案が可決されたり，見過ごすべきでない事柄が黙認されたり，組織にとって大きなチャンスとなり得る事案が潰されたりします。

人間関係が重視される日本社会では，どんな組織にも属人思考はつきものですが，それが行き過ぎると，つぎのようなことが起こってきます（岡本，2006）。

1. 案件の細部に対する注意がおろそかになる。
2. 反対意見表明への躊躇が多くなる。
3. 賛成への見返りに賛成する，反対への見返りに反対するというような，意見の「貸し借り」が起こる。
4. 新しい分野での判断に間違いが生じやすくなる。
5. 誤りが是々非々で正しにくくなる。
6. 対人情報への信頼過多が生じる。
7. 最上部に対してイエスマンが力を握り，最上部がイエスマンに囲まれる形になる。
8. 組織としての自己評価がナルシスティックになる。
9. 無理な冒険を生む。

組織で行われる違反行為は，個人的違反と組織的違反に分けることができます。個人的違反とは，自分個人の利益のための違反です。それに対して，組織的違反とは，組織のための違反です。多くの組織の不祥事は，単なる個人的違反ではなく，組織的違反がもたらすものといえますが，そこに属人風土が絡んでいます。実際の調査データをみても，属人風土が組織的違反の原因となっていることが明らかです。**図 12-1** は首都圏の組織勤務者を対象とした調査の分

12.1 組織風土と属人思考

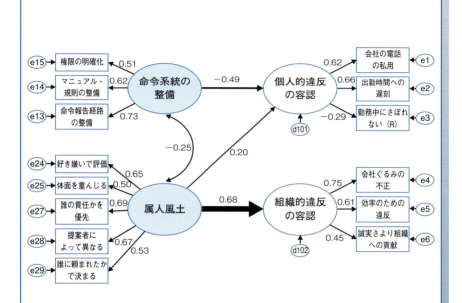

図 12-1　組織風土から組織における違反を予測する（岡本，2006）

ここから，以下のことが読み取れます。
1. 規定の整備不良が個人的違反の原因となっている。
2. 規定の整備不良は組織的違反の原因となっていない。
3. 属人風土が組織的違反の原因となっている。このパス係数 0.68 は驚くべき数値である。
4. 属人風土は個人的違反の弱い原因となっている。

析結果です（岡本，2006）。

こうした調査結果からも明らかなのは，コンプライアンス遵守などといっていくら規定を整備したところで組織的違反の防止にはつながらないということです。組織的違反を防ぐためには，属人風土の改善が必要です。

12.1.3 属人思考をチェックする

では，自分が属する組織が属人思考に汚染されているかどうかはどのように判断したらよいのでしょうか。岡本と鎌田（2006）は，組織風土の属人度をチェックするための5項目をあげています。

1. 相手の対面を重んじて，会議やミーティングなどで反対意見が表明されないことがある。
2. 会議やミーティングでは，同じ案でも，だれが提案者かによってその案の通り方が異なることがある。
3. トラブルが生じた場合，「原因が何か」よりも「だれの責任か」を優先する雰囲気がある。
4. 仕事ぶりよりも好き嫌いで人を評価する傾向がある。
5. だれが頼んだかによって，仕事の優先順位が決まることが多い。

なお，属人風土を改善するには，一人ひとりが自分自身の属人思考に気づくことが前提となります。岡本と鎌田（2006）が個人の属人的判断傾向を測定する尺度を作成しています（表12-1）。属人思考につながりやすい感受性をもち，無意識のうちに属人思考に染まっていることもあるので，自分自身の属人的判断傾向をチェックしてみましょう。

12.2 同調行動

12.2.1 同調圧力

集団成員の意見を1つの方向に向かわせようとする圧力を同調圧力といいます。アッシュ（1955）は，線分の長さを問う実験によって，そうした同調圧力が存在することを証明しました。図12-2のような2つの図版を見せて，左の

表 12-1　**属人的判断傾向測定項目**（岡本と鎌田，2006）

1. 反対意見を言うと，相手を傷つけるのではないかと思う。
2. 反対意見を言われると，相手に嫌われているのではないかと思う。
3. 世話になった人には反論できない。
4. 話し合いの場で反対意見を言うのは，相手に悪いと思う。
5. 気の合う友だちの意見であれば，とりあえず従う。
6. 好きな人の意見は，たとえ納得できなくてもなるべく受け入れる。
7. 自分の意見に賛同してくれた人には，一言お礼を言いたくなる。
8. だれが言っているのかわからない意見には，内容にかかわらず賛成したくない。
9. だれの意見かわからないと，同意すべきかどうか判断がつかない。
10. 意見を求める際に，相手が社会的に認められた人なのかどうか気になる。
11. 人の意見の内容よりも言った人がどんな人なのかが気になる。
12. だれが言っているかによって，その意見に賛成するか反対するかを決める。

1～7は感情的属人判断（賛否と好意の混同傾向）に関する項目。
8～12は認知的属人判断（発言者重視傾向）。

図の線分と同じ長さの線分を右の図の3本の中から選ばせるという実験を，さまざまな図版を用いて行いました。8人が順番に答えるのですが，ほんとうに実験を受けているのは7番目の人物のみで，あとの7人はサクラでした。サクラは18回のうち6回は正答をし，12回はサクラのすべてが一致した誤答をするように仕組まれていました。その結果，7番目に答えるほんとうに実験を受けている人物は，7人のサクラの圧力を受けて，32%が誤答に同調したのです。サクラの圧力がかからない場合は誤答率が1%にもならない簡単な課題であったため，同調圧力に屈してしまったことは明らかです。

　多数派の意向に従わない人物は，集団の規範に違反する逸脱者とみなされ，集団の規範に従うように圧力が働きます。何とか説得して集団の規範に従うように促そうとする行動が取られます。シャクター（1951）は，このような働きかけを実証する実験を行っています。図12-3のA群は集団の見解にあくまでも反対する逸脱行動群，B群は最初反対していたけれども話し合っているうちに賛成に回った変節群，C群は最初から集団の意見に賛成だった同調群です。多数派からのコミュニケーション量をみると，C群に対するコミュニケーション量は当初から少なく，B群に対するコミュニケーション量は反対していたときは多かったものの賛成に回ってからは一気に減少し，強硬に反対するA群に対するコミュニケーション量はどんどん増加し続けることがわかります（図12-3）。こうしたコミュニケーション量の増加は，まさに集団による同調圧力がかけられている証拠といえます。

　企業など組織が重要な方針を決定する際には，みんなで知恵を絞って，あらゆる角度から検討する必要があります。ところが，多くの組織の会議では，全会一致を理想とするようなところがあります。そこには同調圧力が強く働くため，十分な検討が行われないままに愚策が通ったり，失敗が目に見えているアイデアが承認されたりといったことが起こります。組織の不祥事の背景にあるのも，こうした全会一致を理想とする会議の雰囲気です。意見や質問が盛んに出て，すんなりと提案が通らないことを「会議が荒れた」などと言うこと自体，意見や質問はあまり出ないままに通ることが前提とされていることを示しています。このような無言の同調圧力の中，参加者の過半数が疑問に思っていた提

12.2 同調行動

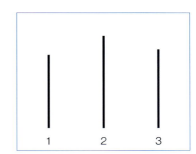

図 12-2　アッシュの同調圧力実験で用いられた図版例
「左の線分と同じ長さなのは右の図の 1, 2, 3 のどれか？」
1 人で取り組むと誤答率が 1％にもならない簡単な課題なのに，7 人のサクラの圧力がかかると誤答率が 32％と飛躍的に上昇します。

案や，これは危ないのではと不安を抱いた提案が，「全会一致」で可決してしまうのです。ここからわかるのは，全会一致というのが極めて疑わしく，何とも危うい決議方式だということです。多様な人間が集まって検討したのに，全員の見解が一致するなどということは，現実にはほとんどあり得ないことです。それにもかかわらず全会一致で決まったということは，異論を出しにくい雰囲気に支配されていたことの証拠といってよいでしょう。

12.2.2　同調圧力に屈しない人

　同調圧力についてさまざまな実験的研究を行っている心理学者アッシュ（1956）は，1人でも同調圧力に屈しない人物がいれば，ほんとうの意見を出しやすくなることを実証しています。先の実験と同様のやり方を用いて，7人のサクラのうち6人が誤答をしても，残りの1人が正答をした場合，集団圧力に屈して誤答をする率は32%から5.5%へと大きく低下することを見出しています。これにより，味方が1人でもいれば，集団圧力に対する抵抗力が非常に高まることがわかります。

　そうはいっても，日本の組織では，同調圧力に屈せずに率直に疑問を口にしたり反論したりする人物が出てくることは期待しにくいというのが実情です。そこで，提案に対して反対意見を述べる役割をあらかじめ特定の人物にあてがっておくことで同調圧力による誤判断を防ぐという方法が考えられます。これがワイズバンド（1992）が提唱するデビル審理法です。それによって，提案に対して賛成意見しか出せないような空気は崩され，提案内容を多角的に検討することができるとともに，他の参加者も疑問点があれば率直に質問や意見を出しやすくなります。

　このように，多数派に同調せずにほんとうに思うことを言う人物が1人でもいると同調圧力に屈せずにほんとうの意見を言えるということは，本心では多数派の意見に納得していたわけではないことを意味します。このように，本心では同意していないのに表面上多数派に合わせることを公的受容といいます。本心から同意する場合は私的受容といいます。ドイッチュとジェラード（1955）は，他者の影響を受けるとき，情報的影響を受ける場合と規範的影響を受ける

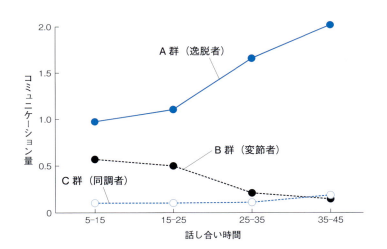

図 12-3 逸脱者,変節者,同調者へのコミュニケーション量
（シャクター,1951：本間,2011 を一部修正）

場合があるとしました。他者の意見に納得し，それを自分の意見として取り入れるとき，そこに作用しているのが**情報的影響**です。多数派の意見，集団としての意見に反しないように，不本意ながらもそれに合わせるとき，そこに作用しているのが**規範的影響**です。ほんとうの意見を言う人物が1人でもいれば同調圧力に屈しない人が多いというアッシュの実験結果は，多くの同調行動が規範的影響によって生じていることを示唆しています。

12.3 リスキーシフト

集団で話し合えば，みんなの知恵を結集して判断できるため，個人で検討するよりも妥当な結論に到達できるものと思われがちですが，じつは意外な危うさがあります。各自が1人で考えると当然否決すべき提案と思われるようなものでも，みんなで話し合っているうちになぜか通ってしまうことがあります。このような現象を**リスキーシフト**といいます。

ワラックたち（1962）は，魅力的だがリスクのある選択肢と，リスクはないがあまり魅力的でない選択肢を用意し，どちらを選択するかを，個別に判断させる場合と集団で話し合って判断させる場合で比較しました。たとえば，手術をすれば完全な健康を取り戻せるが，その手術はリスクを伴い，手術をしなければリスクはないが不便な生活を強いられるという場合，手術を受けるかどうか，といった問題です（**図12-4**）。その結果，12問のいずれにおいても，個人で判断する場合よりも集団で判断する場合の方が魅力的だけどリスクのある選択肢を選ぶ傾向があることが確認されました。

リスキーシフトに限らず，集団で話し合うと極端な結論に至りやすいことが，多くの実験により明らかにされています。これを**集団極性化**といいます。集団で話し合って決めると極端な判断になりがちな理由について，いくつかの説がありますが，最も有力な理由として**責任の分散**があります。みんなで決めるとなると，1人で決める場合と違って，自分だけの責任ではないため，各自の責任感が薄れ，つい気持ちが大きくなり，慎重さが失われるというわけです。こうしてみると，みんなで話し合って決めることが必ずしも望ましいわけではな

1. 高給とは言えないがそれなりの給料がもらえ，雇用も保障されている今の職に止まるか，雇用の保障はないがかなりの高給が見込める仕事に転職するか，どっちにするか。
2. 重い心臓病を患っているとして，難しい手術に成功すれば自由な生活が手に入るが失敗すると命にかかわる，手術をしなければ命の危険はないが不自由な生活をこの先ずっと我慢しなければならない，さてどうするか。
3. 開発途上国に進出していけば利益の伸びが期待できるが，内乱などのリスクがある，国内にとどまればリスクはないが利益の伸びはあまり期待できない，さてどうするか。

図 12-4　リスキーシフトの実験課題例

いことがわかります。

12.4 参加的意思決定の効果

　人から説得を受けるとき，そこに強引さを感じると，心の中に抵抗が生じます。人によっては，かえって態度を硬化することさえあります。このような心理的抵抗を和らげるために効果的なのが，一方的に説明するのでなく，相手に意見や質問を述べる機会を十分与えることです。

　マンションやスーパーを新たに建設するに当たって，近隣の住民が抵抗を示すことがあります。そんなときによくとられる対応が，住民向けの説明会を開き，意見や質問，要望を住民から思う存分ぶつけてもらうというものです。それには，具体的な計画の詳細がわかり安心するという現実的な意味もありますが，もっと重要なのが，疑問に思うことや意見・要望を十分表明する機会を与えられることで気持ちがすっきりするという心理的効果です。それによって心理的抵抗が和らぎ，説明を受け入れようという気持ちになれます。

　こうした効果が期待されるのは，外向けの説明会にかぎりません。社内の会議でも，有無を言わさぬ雰囲気で押しつけられると，心理的抵抗が生じます。その場で反論することはなくても，会議で示された方針に従わなかったり，形の上では従いつつも適当に手を抜いたりといったことが起こりがちです。そうなるのを防ぐには，会議の場で一方的に方針を示したりせずに，意見や質問を自由に出してもらうのが効果的です。言いたいことを思う存分言える雰囲気が大切です。それによって心理的抵抗が和らぎます。

　全員が話し合いの場に参加することで，従業員のモチベーションが上がり，生産性が上がることが，多くの現場実験によって証明されています（三隅，1988：コラム 12-2）。組織としての何らかの方針を伝えるとき，あるいは方針転換のための意見聴取をする際には，各部署の長に対して事情を説明したり意見聴取したりするだけで，従業員全員に対する説明や意見聴取の場を設定しないことが多いようですが，そこに改善の余地があります。

　ただし，説得を受ける側の立場に立って考えると，意見や質問をぶつけるこ

コラム 12-2　参加的意思決定の導入の効果

　ある工場では，営業上の理由により，ときどき作業方式が変更され，その都度従業員が強い抵抗を示すということがあった。心理的抵抗は，あからさまな不平不満の表明だけでなく，作業能率の低下にも顕著に表れた。そこで，4つのグループを設定して生産性を比較する実験が行われた。第3グループと第4グループは同じ条件なので，ここでは3つの条件を示すことにする。

第1条件：従業員は作業方式の変更について話し合う場に参加せず，
　　　　　ただ変更の説明を受けただけ。
第2条件：代表者だけが話し合う場に参加した。
第3条件：従業員全員が話し合う場に参加した。

　その後の仕事ぶりを観察すると，第1条件では，方針変更に伴い生産性が低下し，その後も低い生産水準からなかなか立ち直れなかった。第2条件では，変更直後には生産性が一時的に低下したものの，しだいに回復していった。第3条件では，その回復がいっそう顕著だった。

　別の現場実験でも，生産目標を従業員もみんな参加する場で話し合って決定した場合，生産性は急上昇し，それまで限界と思われていた水準までも上回ったことが報告されている。

　日本でも，話し合いの場に全従業員が参加するという方針によって事故が著しく減少したという運送会社やバス会社，造船所の事例も報告されている。

（三隅，1988 より抽出）

とによるガス抜き効果によって誤魔化されないように注意が必要です。株主総会などに典型的にみられるように，いろいろな質問を受けつけるものの，結局何を言っても結論は変わらず，主催者の予定通りに決まっていくという会議もあります。ガス抜きによって誤魔化されずに，自分たちにとってほんとうに納得のいく方針かどうかをじっくり検討する姿勢が欠かせません。

12.5 隠れたプロファイル現象

　人によってもっている情報にズレがあるのがふつうです。そのため，みんなで話し合えば，より総合的な視点から判断ができると思いがちですが，話し合いの後に各自の意見を個別に尋ねてみると，話し合う前から各自がもっていた意見のままであることがほとんどです。意見の根拠をあげてもらっても，話し合う前から自分がもっていた情報のみから判断していることがわかります。これではわざわざ話し合いをする意味がありません。このような現象のことを隠れたプロファイル現象といいます。

　ステイサーたち（1985，1987，1989，1992）は，話し合いに参加している人たちがもっている情報をすべて出し合って判断すれば正解に達することができるのに，みんなが共通に知っている情報しか考慮されないため，なかなか正解に達することができないことを証明しています。本間たち（2004）も，共有情報ばかりが話し合いの場に持ち出され，特定の個人しか知らない非共有情報が話し合いの場に持ち出されないため，正解に到達できないことを確認しています。

　隠れたプロファイル現象が生じる理由として，つぎの2つが指摘されています。図12-5に沿って説明しましょう。

1.　私たちは自分の考えをなかなか変えたがらないということ。

　A案，B案，C案のうち，たとえばA案が良いと思って話し合いの場に出ると，A案のメリットやB案・C案のデメリットに関する情報はスッと認知システムの中に入ってきますが，A案のデメリットやB案・C案のメリットに関する情報は聞き流してしまいがちになります。つまり，自分に都合の良い情

(1)	A案のメリット	A1	A2	A3		
	B案のメリット	B1	B2	B3	B4	B5
	C案のメリット	C1	C2			

たとえば，（1）のように，A案のメリットは3つ，B案のメリットは5つ，C案のメリットは2つあり，一つひとつのメリットの重みに違いはないとします。この際，話を簡単にするために，それぞれのデメリットは考慮しないことにします。この場合，総合的な視点から判断すれば，最適な選択肢はメリットを最も多くもつB案ということになります。

(2)	共有情報			非共有情報		
	A1	A2	A3			
	B1	B2		B3	B4	B5
	C1			C2		

ところが，（2）のように，共有情報がA案のメリット3つ，B案のメリット2つ，C案のメリット1つだとすると，A案にするのが最適の選択とされ，A案に決まる確率が高くなります。A案のメリットは3つすべてが共有されているのに対して，B案のメリットは2つしか共有されておらず，残りの3つは一部のメンバーが気づいているだけで，他のメンバーにはわからないからです。

図 12-5　共有情報と非共有情報

報ばかりに目が行ってしまいます。その結果，A案が一番良いという当初の意見は，いくら話し合っても，なかなか変わらないのです。

2. 話し合いの場では，メンバーみんなが知っている共有情報ばかりが話し合われ，個々のメンバーが独自にもっている非共有情報については話し合われないことが多いということ。

なぜなら，共有情報についてだれかが発言すると，他の人たちもそれぞれ関連することを知っているため，意見が続出し，話し合いになりやすいのですが，みんなが知らない情報を持ち出しても反応が乏しいからです。反応が乏しかったり，無視されたりすれば，それ以上説明する気持ちになりにくいものです。

こうした事情があって，いくら話し合ったところで，話し合う前からもっていた意見が変わらず，総合的な視点からの判断にはならないのです。ここで第2の要因の克服について，確認してみましょう。

図12-5 のような状況の場合，このままでは総合的な視点から判断することはできないため，非共有情報も話し合いの場に持ち出すことで，各人がもっている情報をみんなで共有することが必要です。自然な流れに任せれば共有情報についてばかり話して終わってしまうので，議長が非共有情報を引き出し，それについて他の人たちにも考えさせるように仕向ける必要があります。

ストレスとメンタルヘルス

13.1 基本的なストレス理論の枠組み

13.1.1 ストレスとは

ストレスという言葉は，元々は物理的な力が加わったときの反応に関して用いられる工学用語でしたが，セリエ（1936）がこれを生物学的な反応に転用し，ストレス概念を確立しました。さらにセリエ（1976）は，ストレス反応をもたらす要因をストレッサーと呼びました。ストレッサーは，物理的ストレッサー，化学的ストレッサー，生物的ストレッサー，心理社会的ストレッサーに大別できます（表13-1）。これらのストレッサーのいずれかが発生すると，それに適応するための一連のストレス反応が生じることになります。セリエは，人間にとっての一番重要なストレッサーは，情緒的なもの，とくに苦悩を起こす類のものだといいます。

ストレッサーに対する人間の反応は，セリエ（1936, 1976）にならって，3つの段階に分けてとらえることができます（図13-1）。

第1段階の警告反応期は，ストレッサーがかかっていることに対して，食欲がなくなったり，胃腸の調子が悪くなったり，体重が減ったり，関節や筋肉が痛むなど，さまざまな警告反応が出る時期です。ストレスにより身体の機能が低下している状態です。このような反応を察知して，適切な対処を取ることが必要となります。

適切な対処がとられないままにストレッサーが続くと，第2段階の抵抗期に移行します。抵抗期には，身体の機能が回復し，ホルモン分泌など生体の抵抗力が最大限動員されることで，ストレッサーに対する抵抗力が高まり，不快感や苦痛が和らぎ，体調も回復し，ストレッサーがかかっている状況に対して適応した状態になります。

しかし，さらにストレッサーが続くと，第3段階の疲憊期に移行します。この段階になると，ストレッサーがかかった状況に適応するのに疲れてしまい，身体の機能が再び低下し，抵抗力が衰えて，警告反応期にみられたような徴候が再び出てくるようになり，消化器系潰瘍，高血圧や心筋梗塞，がん，うつ症状など深刻な病気が発生しやすくなります。いわゆるひどいストレス症状がみ

表 13-1　ストレッサーとストレス反応

物理的ストレッサー……暑さや寒さ，騒音，X 線など。
化学的ストレッサー……酸素欠乏，CO 中毒，アルコール，薬品など。
生物的ストレッサー……飢餓，ビタミン不足，疲労・過労，睡眠不足，妊娠，ウイルス感染など。
心理社会的ストレッサー……戦争，政治体制の変化や不安定さ，経済状況の悪化や急激な変化，価値観の急激な変化，転居・入学・卒業・転校・就職・転勤・配置転換・転職・昇進・退職など個人的な環境の変化，学業や仕事上の行き詰まりや失敗，孤立や対人関係のトラブルなど。

ストレス反応……胃や十二指腸の潰瘍，慢性胃炎，過敏性腸症候群，過換気症候群，気管支喘息，アトピー性皮膚炎，円形脱毛症，多汗症，頭痛，口腔乾燥症などの身体症状が出たり，不安，疲労感，焦燥感，集中力低下，不眠，抑うつなどの心理的な症状が出たりする。

図 13-1　ストレッサーに対する反応の 3 段階

214 　第13章　ストレスとメンタルヘルス

られるのはこの時期です。

13.1.2　基本的なストレス理論の図式

　ストレッサーがあるとストレス反応が出やすいわけですが，同じようなスト
レッサーがあっても，ストレス反応が顕著に出る人とあまり出ない人がいます。
そこで，ラザルスとフォルクマン（1984）にならって，ストレッサーとストレ
ス反応の間に，認知的評価を置くことにします。**認知的評価**というのは，もの
ごとの受け止め方です。ラザルスとフォルクマン（1984）は，認知的評価を一
次的評価と二次的評価に分けますが，一次的評価はそれが脅威になるかどうか
を評価するもの，二次的評価は脅威になると思われる場合にどんな対処ができ
るかを評価するものです（ラザルス，1999）。

　図13-2 では，その他にコーピングとソーシャルサポートをストレッサーと
ストレス反応の間に置いています。**コーピング**とは，心理的ストレスを処理し
ようとする努力であると定義されます（ラザルスとフォルクマン，1984）。い
わば，ストレッサーへの対処のことです。**ソーシャルサポート**とは，助けにな
る人間関係のことですが，身近に支援してくれる先輩や友だち，家族などがい
れば，ストレス反応がひどく出ることはないでしょう。

　さらには，日頃からコーピングがうまくできていたり，ソーシャルサポート
に恵まれていたりすれば，気持ちに余裕ができるので，認知的評価も前向きに
なりがちです。それが，コーピングやソーシャルサポートから矢印が認知的評
価にも向かっている理由です。

　このように，ストレッサーがなければストレス反応が生じることはないので
すが，ストレッサーがあってもストレス反応がひどく出る人とあまり出ない人
がいます。そのストレス反応の出方を左右するのが，認知的評価やコーピング，
そしてソーシャルサポートです。そこで，ストレスマネジメントについて考え
る場合，以下の5つの視点が重要となります（榎本，2017）。

1.　どんなことがストレッサーになるのか

　どのようなことがストレッサーになり得るのかを知っておく。それを踏まえ
て，自分にとって，あるいは気になる人物にとって，どのようなことがスト

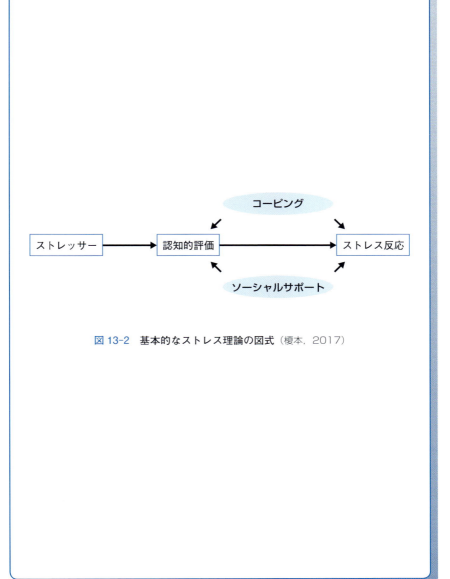

図 13-2　**基本的なストレス理論の図式**（榎本，2017）

レッサーになっているかをチェックする。

2. ストレッサーに対してどのような認知的評価をする傾向があるか

ものごとの受け止め方しだいでストレス反応の出方が大きく左右されることを知っておく。また，自分の，あるいは気になる人物の，認知的評価のクセをつかんでおく。感情的かつ悲観的な反応をしがちか，冷静かつ楽観的な反応をしがちかをチェックする。

3. 日頃からどのようなコーピングのレパートリーをもっているか

コーピングがストレス反応を和らげること，そしてコーピングにはどのようなものがあるかを知っておく。それを踏まえて，自分が，あるいは気になる人物が，どのようなコーピングをよく用いているかをチェックする。

4. 利用できるソーシャルサポートがあるかどうか

ソーシャルサポートがあることでストレス反応が和らぐことを知っておく。また，自分は，あるいは気になる人物は，ソーシャルサポートに恵まれているかどうか，どのようなソーシャルサポートを得ているか，得られそうかをチェックする。

5. ストレス反応にはどのようなものがあるか

ストレス反応にはどのようなものがあるかを知っておく。自分に，あるいは気になる人物に，ストレス反応の徴候がみられた場合は，適切な対応をするように心がける，あるいはそのように導く教育的な働きかけをする。

13.2 仕事生活や私生活におけるストレッサー

13.2.1 仕事や職場のストレッサー

仕事絡みのストレッサーとしては，仕事そのものの過重負担と人間関係の問題が主要なものといえます。仕事の過重負担には，量的な問題と質的な問題があります（図13-3）。

たとえば，課せられるノルマがきつすぎる，仕事量が多すぎて休憩が取れない，人手が足りなくて休みが取れない，残業が多く勤務時間が長すぎるなど，量的な問題がストレッサーとなっていることもあります。仕事上求められる能

図 13-3　仕事絡みのストレッサーの内容分類

力や知識が不足している，単純作業で創意工夫の余地がない，仕事のやり方などで自分に裁量権がまったくない，仕事にやりがいが感じられないなど，質的な問題がストレッサーとなっていることもあるでしょう。

　人間関係の問題としては，上司との折り合いが悪い，横暴な上司や先輩がいる，職場に溶け込みにくい雰囲気があり居場所がない，職場の人たちと価値観が合わないなどがストレッサーとなっていたりします。

　クーパーとマーシャル（1976）は，組織内のストレッサーとして，職務そのものの性質，組織における役割，キャリア発達，仕事上の人間関係，組織風土をあげています（表 13-2）。また，ターナーとウィートン（1995）は，職場ストレッサーを慢性型とイベント型に分けていますが，今もこの 2 分類が踏襲されています（図 13-4）。

13.2.2　日常生活の出来事がもつストレス値

　最大のストレス源は，大きな変化や急激な変化です。ストレス病の多くは，突然訪れた大きな変化とそれに伴う日常生活上のさまざまな変化によってもたらされます。医学の祖といわれるヒポクラテスは，古代ギリシャ時代の昔にすでに病気の主な原因が変化であることを見抜いていました。そのことを前提にして，生活上のどのような変化がストレス病を生みやすいのかを調べたのが，ホームズとレイです。彼らは，社会的ストレッサーのストレス値を測定する**社会的再適応評価尺度**を作成しています。

　夏目たち（1988）は，ホームズとレイ（1967）の社会的再適応評価尺度をもとに，日本の労働者向けのライフイベントのストレス値尺度を作成しています。表 13-3 は，ストレス値の高い順にライフイベントを並べたものです（夏目，2000）。これを見るとわかるように，ストレッサーとなるライフイベントのリストは，私たちの生活に大きな変化をもたらす出来事からなっています。各項目の右にある数値は，その出来事のストレス値をあらわします。「単身赴任」が 60 点で「同僚の昇進・昇格」が 40 点（表では 46 点以下は省略した）というのは，前者のストレスは後者のストレスの 1.5 倍も強烈だということを意味します。表にあげられたライフイベントのうち，過去 1 年間に経験したものを

表 13-2　**組織内のストレッサー**（クーパーとマーシャル，1976）

1. 職務そのものの性質
2. 組織における役割
3. キャリア発達
4. 仕事上の人間関係
5. 組織風土

- **慢　性　型**……たえずさらされ続けるストレッサー
  仕事への適性のなさ，能力不足，人手不足，役割からくる過重負担（上司としての役割，営業担当としての役割など），上司との折り合いの悪さ，職場の風通しの悪さなど。
- **イベント型**……突発的に生じるストレッサー
  人事異動，組織の方針の転換，仕事上のトラブル，職場の人間関係上のトラブルなど。

図 13-4　**仕事絡みのストレッサーの形式分類**

チェックし，チェックした項目の右側の数値を合計すると，現在のストレス状況を表すストレッサー得点になります。

レイたち（1964）やホームズとレイ（1967）は，ストレッサー合計得点が高いほど，その後重病にかかる率が高いことを証明していますが，夏目たちのストレス値尺度に関しても，ストレッサー合計得点とストレス状態や精神障害（多くはストレス関連疾患）の関連が研究されています。精神疾患と診断された人たちと健常者のストレッサー合計得点は，それぞれ312点および218点であり，精神疾患の人たちの方が100点近く点数が高いことが確認されました。さらに，夏目たちがストレッサー合計得点と精神疾患の関連を検討した結果，精神疾患者の比率は，**表13-4**のように100点を超えると5割を超え，200点を超えると6割を超え，300点を超えると7割近くになり，400点を超えると8割近くになることが明らかになりました（夏目，2000）。

13.2.3 日常的なイライラもストレッサーになる

生活に大きな変化をもたらす出来事だけでなく，日常的な些細な出来事もストレッサーとして無視できません。ラザルス（1984）は，身近な人物の死や離婚，失業のような大きな生活の変化を伴う出来事だけでなく，日常的に経験する些細な出来事が慢性的に生じることもストレッサーになることを発見し，それらを**日常的混乱**（デイリーハスルズ）と名づけました。

たとえば，今の日本であれば，通勤ラッシュ時にぎゅうぎゅう詰めの電車に毎日乗らないといけないのも，勤め人にとっては大きなストレッサーになるはずです。夫婦の間に溝ができ，配偶者とのつまらない口論が絶えないのも，積もり積もれば大きなストレッサーになるでしょう。とくに仕事でミスをしたわけでもなく，特別な出来事があるわけではなくても，日常的に仕事上の負担が過重にかかっているのも，意外に深刻なストレッサーになりやすいのです。

電車が遅れてイライラするのも，横柄な客の態度にイライラするのも，非常識な部下の態度にイライラするのも，横暴な上司にイライラするのも，その大変さを人に説明しようとすると大したことではないような気がしたりするものですが，これらもストレッサーとして人々を苦しめることになります。

13.2 仕事生活や私生活におけるストレッサー

表 13-3　ライフイベントのストレス値（夏目，2000 より作成）

順位	ストレッサー	ストレス値	順位	ストレッサー	ストレス値
1	配偶者の死	83	18	収入の減少	58
2	会社の倒産	74	19	人事異動	58
3	親族の死	73	20	労働条件の大きな変化	55
4	離婚	72	21	配置転換	54
5	夫婦の別居	67	22	同僚との人間関係	53
6	会社を変わる	64	23	法律的トラブル	52
7	自分の病気や怪我	62	24	300 万円以下の借金	51
8	多忙による心身の過労	62	25	上司とのトラブル	51
9	300 万円以上の借金	61	26	抜擢に伴う配置転換	51
10	仕事上のミス	61	27	息子や娘が家を離れる	50
11	転職	61	28	結婚	50
12	単身赴任	60	29	性的問題・障害	49
13	左遷	60	30	夫婦げんか	48
14	家族の健康や行動の大きな変化	59	31	新しい家族が増える	47
15	会社の建て直し	59	32	睡眠習慣の大きな変化	47
16	友人の死	59	33	同僚とのトラブル	47
17	会社が吸収合併される	59	34	引っ越し	47

表 13-4　ライフイベントのストレス値と精神疾患者比率
（夏目，2000 より作成）

ライフイベントのストレス値	精神疾患者の比率（%）
400 点以上	78.8
300 点台	67.4
200 点台	61.2
100 点台	57.1
100 点未満	39.3

13.3 認知的評価

問題となる心理状態や行動，たとえばストレス症状などは，ストレッサーとなる出来事によって必然的に生じるのではなく，不適切な受け止め方，つまり認知の歪みによって生じる面があるため，認知の歪みを改善することによってストレス症状を軽減することができます。図 13-5 は，その大まかな原理をわかりやすく示したものです。

認知の歪みには，「根拠のない決めつけ」「自己関連づけ」「感情的評価」「過度の一般化」「べき思考」などがあります。こうした認知の歪みが，不適切な自動思考を活性化し，その結果としてストレス反応が出やすくなるのです。ゆえに，ストレス反応を軽減するためには，認知の歪みを正すことが必要となります。自分のクセになっている認知の歪みに気づき，それを修整していくことで，ストレス反応につながりやすい自動思考の発生を防ぐことができ，ストレスに強い心に変えていくことができます。

13.4 ソーシャルサポート

13.4.1 道具的サポートと情緒的サポート

苦しいとき，不安なとき，迷うとき，悩むときなどは，人に頼ることも必要です。人に相談することで視野が広がり解決策が見えてくるというように実質的な効果が得られる場合もありますが，頼れる人がいる，話を聞いてくれる人がいるというだけで，ストレス耐性が高まるということもあります。

このように助けになるような人間関係をソーシャルサポートといいます。ソーシャルサポートはストレッサーの影響を緩和する重要な要因といえます。

ソーシャルサポートには，道具的サポートと情緒的サポートがあります。道具的サポートとは，ストレスとなっている問題を解決するための方法をアドバイスしたり，必要な情報を提供したりすることです。情緒的サポートとは，直接の問題解決には役立てなくても，話を聞いてあげたり，共感したり，励ましたりすることです。親身になって話を聞いてもらうだけでも気持ちが軽くなる

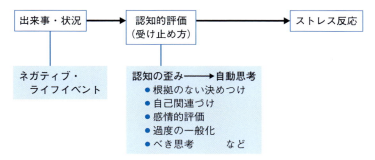

図 13-5 ストレス反応を左右する認知的評価

上司の機嫌が悪く，きつい言い方をされたとき，「私のことを怒ってるんだ」「これじゃ見捨てられてしまう」（根拠のない決めつけ＋自己関連づけ）などと思うと，やる気をなくすばかりでなく，イライラしたり，うつ的な気分になったりします（ストレス反応）。

営業ノルマを達成できないとき，「私には営業は向いてないんだ」（根拠のない決めつけ＋過度の一般化）と思うと，「どうせ無理だ」（自動思考）とヤケになり，やる気をなくしてイライラしたり，落ち込んだり（ストレス反応）します。

人事評価が思わしくないとき，「ひどすぎる」（感情的評価），「上司から嫌われてるんだ」（根拠のない決めつけ）と思うと，ヤケになって「頑張ってもムダだ」（自動思考）と開き直り，不満を溜め込み，やる気をなくしていきます（ストレス反応）。

営業成績が同僚より悪かったときや取引先を怒らせてしまったときなども，「自分は人より優秀であるべきだ」「失敗すべきでない」（べき思考）といった思いが頭の中にあると，自分を責め，落ち込んでしまいます（ストレス反応）。

ので，情緒的サポートも非常に重要です（表 13-5）。

13.4.2　ソーシャルサポートのストレス緩和効果

　ソーシャルサポートがストレスによる悪影響を緩和する効果をもつことは，多くの研究によって証明されています。

　がん患者を対象にした研究では，週に 1 回，1 年間，闘病についての気持ちを語り合ったり，病気への対処法について話し合ったりした人たちは，そのようなことをしなかった人と比べて，心理的苦痛が軽減され，軽度の痛みが改善され，平均生存期間も長いことが示されています（スピーゲルたち，1989,2000）。糖尿病患者についての研究では，ソーシャルサポートのネットワークが乏しい患者ほど，病気を克服しようという意欲が乏しく，健康維持のための対処行動を取ることが少ないことが見出されています（グレイーセヴィラたち，1995）。さらに，ソーシャルサポートの少ない人ほど，風邪にかかる率が高いことも示されています（コーエンたち，1998）。

　ポジティブな人間関係が健康増進効果をもつことも証明されています。配偶者や友だちとの関係のポジティブな度合いを 3 段階に分け，過去 1 年間に医師の診断を受けた疾病数，過去 30 日間の症状の頻度，全体的健康度の主観的評価について調べたところ，いずれの指標においても人間関係がポジティブであるほど健康状態が良好であることがわかりました（リフたち，2001）。ハーズバーグたち（1998）は，他者に情緒的サポートを与えるスキルが乏しい人は対人ストレッサーを経験しやすいことを示していますが，ソーシャルサポートを相互に与え合うような人間関係をもつことがストレス耐性を高めるといえます。

13.4.3　自己開示のストレス緩和効果

　自己開示とは，自分の思いを率直に語ることです。自己開示には，カタルシス効果や自己明確化効果があります（榎本，1983, 1986, 1997；表 13-6）。

　ペネベイカーは，自己開示の効用についての多くの実験的研究を行っています。その結果，心の傷になるような衝撃的な出来事についてだれにも打ち明け

表 13-5　ソーシャルサポートの 2 種

1.　道具的サポート
ストレッサーとなっている問題の解決をサポート。

2.　情緒的サポート
ストレス反応を和らげるように気持ち面をサポート。

表 13-6　自己開示の効用

1.　カタルシス効果
胸の内に溜め込んだ思いを吐き出すと気分がスッキリする。腹が立つことが
あったり，悔しいことがあったりするとき，だれかに話すとスッキリするも
のです。悩みごとがストレスになっているときも，悩んでいることをだれか
に話すことで少し気持ちが楽になります。これがカタルシス効果です。

2.　自己明確化効果
自分の思いを人に話しているうちに自分の中のモヤモヤがはっきりしてくる
ことがあります。心の中に渦巻いている自分の思いを率直に語ることで，自
分が何にムシャクシャしているのか，何が不満なのか，何を苦痛に思ってい
るのか，何を求めているのかが徐々に見えてきたりします。これが自己明確
化効果です。

226　　第13章　ストレスとメンタルヘルス

たことのない人たちの場合に，身体的な病気や心理的障害が生じやすいことが
わかっています（ペネベイカーとサスマン，1988）。だれにも自己開示をしな
いことが，ストレスの心身への悪影響につながっているのです。また，配偶者
の死を経験した人では，そのことについて友だちに話している人より話してい
ない人の方が，病気にかかる率が高く，その死にまつわる嫌な思いが頭から離
れない傾向があることもわかっています（ペネベイカーとオヒーロン，1984）。
自己開示できる相手がいないため，ストレスによるダメージを軽減することが
できないのです。

　このように，自己開示できる場があるだけで，ストレスを緩和することがで
きるので，率直に自己開示し合える人間関係をもつことは非常に大切です。こ
れは，まさにソーシャルサポートの効果ですが，ストレスコーピングの一種で
もあります。

13.5　コーピング（対処）

　フォークマンとラザルス（1980）は，コーピングの機能を問題焦点型と情動
焦点型の2つに分類しています。榎本（2011）は，意味づけということも大切
だという観点から，課題解決志向のコーピングと情動コントロール志向のコー
ピング，および肯定的意味づけ志向のコーピングの3つに分けています（表
13-7）。

　課題解決志向のコーピングは，自分で頭の中を整理して解決策を探ろうとす
る自力型課題解決志向のコーピングと，人に相談したり他人の事例を参照した
りして解決策のヒントを得ようとするアドバイス要請型課題解決志向のコーピ
ングに分けられます（表13-8）。

　情動コントロール志向のコーピングは，積極的に情動を発散して気分転換し
ようとする発散型情動コントロール志向のコーピングと，嫌なことは考えない
で忘れようとする回避型情動コントロール志向のコーピングに分けられます。

　肯定的意味づけ志向のコーピングとは，ネガティブな出来事や状況にもポジ
ティブな意味を見出そうとする対処法です。生きていれば思い通りにならない

表 13-7　ストレスコーピングの3タイプ

1. 課題解決志向のコーピング ── 自力型
　　　　　　　　　　　　　　　　　 アドバイス要請型
2. 情動コントロール志向のコーピング ── 発散型
　　　　　　　　　　　　　　　　　　　 回避型
3. 肯定的意味づけ志向のコーピング

表 13-8　ストレスコーピングの分類

1. **自力型課題解決志向**
自分で頭の中を整理することで，問題となる出来事や自分の置かれた状況をしっかり分析し，現実的な解決策や打開策を冷静に検討しようとするストレス対処法。

2. **アドバイス要請型課題解決志向**
人に相談したり他人の事例を参照したりすることで解決策のヒントを得て，現実的な解決策や打開策を冷静に検討しようとするストレス対処法。

3. **発散型情動コントロール志向**
嫌な気分が持続しないように，積極的に情動を発散して気分転換しようとするストレス対処法。

4. **回避型情動コントロール志向**
嫌な気分が持続しないように，嫌なことは考えないで忘れようとするストレス対処法。

5. **肯定的意味づけ志向**
ストレスとなっているネガティブな出来事や状況の中に潜むポジティブな意味を探し出そうとするストレス対処法。

ことをたくさん経験しますが，どんな経験も人生の糧となるはずです。嫌な出来事からも，きっと何か学ぶことができるはずです。どうにもならない悲惨な状況でも，それを乗り越えることが大きな自信と希望につながるはずです。そこで必要なのは，否定的な出来事にも肯定的な意味づけをすること，ストレス状況にもポジティブな意味づけをすることです。

島津たち（2004，2005）は，同僚によるサポートが多い方が心理的ストレスが低く職務満足感は高いことを示し，職場のソーシャルサポートがコーピングの資源になることを明らかにしています。気軽に話せる先輩をメンター（助言者的な存在）として活用する職場もありますが，迷うときや悩むときに相談できる相手もコーピングの重要な資源であり，ストレス耐性を高めます。

13.6　レジリエンスを高める

ストレス反応を防ぐ，あるいは軽減するには，心を強くすることも大切です。ストレスの問題が深刻化していることにより注目されているのが，レジリエンスという性格特性です。**レジリエンス**は，マステンたち（1990）により，困難な環境にもかかわらずうまく適応する過程，能力および結果と定義されています。フラッチ（1997）は，レジリエンスとは，ライフステージの移行やライフイベントで生じるストレスのために心理的にネガティブな状態に陥っても，混乱した状態を統合し，新しい生き方を発見して，自己を立て直す内的な力であるとしています（石毛と無藤，2006）。

さまざまな定義を総合すると，レジリエンスは，強いストレス状況下に置かれても健康状態を維持できる性質，ストレスの悪影響を緩和できる性質，一時的にネガティブ・ライフイベントの影響を受けてもすぐに回復し立ち直れる性質をさすといってよいでしょう。言い換えれば，挫折して落ち込むことがあっても，心が折れたりせずにすぐに立ち直り，けっして諦めずに頑張り続けられる力のことです。

元々レジリエンスの研究は，逆境に強い人と弱い人の違いはどこにあるのかという疑問に端を発しています。これまでの諸研究をもとに，レジリエンスの

表 13-9　レジリエンスの高い人の特徴

1. 自分を信じて諦めない。
2. 辛い時期を乗り越えれば，必ず良い時期が来ると思うことができる。
3. 感情に溺れず，自分の置かれた状況を冷静に眺められる。
4. 困難に立ち向かう意欲がある。
5. 失敗に落ち込むよりも，失敗を今後に活かそうと考える。
6. 日々の生活に意味を感じることができる。
7. 未熟ながらも頑張っている自分を受け入れている。
8. 他人を信じ，信頼関係を築ける。

高い人の特徴を表13-9のように整理することができます。

　レジリエンスを構成する要素として，フラッチ（1997）は，創造性，忍耐強さ，洞察力，精神的自立性，社会性などをあげています。ワグニルドとヤング（1993）は，決断力，自信，忍耐強さを表す人格的能力因子と自己受容や目的意識を表す自己・人生受容因子を抽出しています。小塩たち（2002）は，新たな出来事に興味や関心をもちさまざまなことにチャレンジしていこうとする新奇性追求，自分の感情をうまくコントロールできる感情調整，明るくポジティブな未来を予想しそれに向けて努力しようとする肯定的な未来志向の3因子を抽出しています。石毛（2002，2004）は，粘り強く問題を解決しようとする意欲的活動性，ネガティブな心理状態を立て直すために他者との内面の共有を求める内面共有性，ものごとをポジティブにとらえる楽観性の3因子を抽出しています。

　こうした研究成果を総合すると，レジリエンスの高さに関係する特性は，表13-10のように整理することができます。

表 13-10　レジリエンスの高さに関係する特性

1. 自己肯定感が高く自己受容ができている。
2. 楽観的で未来を信頼している。
3. 忍耐強く，意志が強い。
4. 感情コントロール力がある。
5. 好奇心が強く意欲的。
6. 創造的で洞察力がある。
7. 社交的で，他者を信頼している。
8. 責任感があり，自律的。
9. 柔軟性がある。

引 用 文 献

第 1 章

Alderfer, C. P. (1972). *Existence, relatedness, and growth.* New York : Free Press.

Butler, R. A. (1953). Discrimination learning by Rhesus monkeys to visual-exploration motivation. *Journal of Comparative and Physiological Psychology*, **46**, 95-98.

Harlow, H. F. (1950). Learning and satiation of response in intrinsically motivated complex puzzle performance by monkeys. *Journal of Comparative and Physiological Psychology*, **43**, 289-294.

Heron, W. (1957). The pathology of boredom. *Scientific American*, January.

Herzberg, F. (1966). *Work and the nature of man.* World.

（ハーズバーグ, F.　北野利信（訳）（1968）. 仕事と人間性——動機づけ—衛生理論の新展開——　東洋経済新報社）

Herzberg, F. (1968). *One more time : How do you motivate your employees?* Harvard Business Review, January.

（ハーズバーグ, F.　DIAMOND ハーバード・ビジネス・レビュー編集部（訳）（2009）. モチベーションとは何か　新版　動機づける力——モチベーションの理論と実践——（pp.1-37）　ダイヤモンド社）

Maslow, A. H. (1954). *Motivation and personality.* Harper & Row.

（マズロー, A. H.　小口忠彦（監訳）（1971）. 人間性の心理学——モチベーションとパーソナリティ——　産業能率大学出版部）

Mayo, E. (1933). *The human problems of an industrial civilization.* New York : Macmillan.

（メイヨー, E.　村本栄一（訳）（1967）. 新訳・産業文明における人間問題——ホーソン実験とその展開——　日本能率協会）

McGregor, D. (1960). *The human side of enterprise.* New York : McGraw-Hill.

（マグレガー, D.　高橋達男（訳）（1970）. 新訳　企業の人間的側面——統合と自己統制による経営——　産能大学出版部）

Munsterberg, M. (1912). *Psychologie und Wirtschaftsleben : Ein Beitrag zur angewandten Experimental-Psychologie.* Leizig : J. A. Barth.

Munsterberg, M. (1913). *Psychology and industrial sufficiency.* Boston : Houghton Mifflin.

Murray, E. J. (1964). *Motivation and emotion.* Englewood Cliffs, NJ : Prentice-Hall.

（マレー, E. J.　八木　冕（訳）（1966）. 動機と情緒　岩波書店）

斎藤毅憲（1983）. 上野陽一——人と業績——　産業能率大学

Scott, W. D. (1903). *The theory of advertising.* Small, Maynard, & Company.

Scott, W. D. (1908). *The psychology of advertising.* Small, Maynard, & Company.

（スコット, W. D.　佐々木十九（訳）（1915）. 広告心理学　透泉閣書房）

234 引用文献

Taylor, F. W. (1911). *The principles of scientific management.* New York：Harper.
（テイラー，F. W. 上野陽一（訳編）（1969）. 科学的管理法（新版）　産業能率短期大学出版部）

第2章

Atkinson, J. W. (1964). *An introduction to motivation.* Princeton, NJ：Van Nostrand.

Blauner, R. (1964). *Alienation and freedom : The worker and his industry.* Chicago：University of Chicago Press.
（ブラウナー，B. 佐藤慶幸（監訳）（1971）. 労働における疎外と自由　新泉社）

Campion, M. A., & Thayer, P. W. (1985). Development and field evaluation of an interdisciplinary measure of job design. *Journal of Applied Psychology,* **70**, 29-43.

Deci, E. L. (1971). Effects of externally mediated rewards on intrinsic motivation. *Journal of Personality and Social Psychology,* **18**, 105-115.

Deci, E. L. (1975). *Intrinsic motivation.* New York：Plenum.
（デシ，E. L. 安藤延男・石田梅雄（訳）（1980）. 内発的動機づけ——実験社会学的アプローチ——　誠信書房）

Deci, E. L. (1980). *The psychology of self-determination.* Massachusetts：D. C. Health & Company.
（デシ，E. L. 石田梅男（訳）（1985）. 自己決定の心理学——内発的動機づけの鍵概念をめぐって——　誠信書房）

Deci, E. L., Eghrari, H., Patrick, B. C., & Leone, D. R. (1994). Facilitating internalization：The self-determination theory perspective. *Journal of Personality,* **62**, 119-142.

Deci, E. L., & Koestner, R. (1999). A meta-analytic review of experiments examining the effects of extrinsic rewards on intrinsic motivation. *Psychological Bulletin,* **125**, 627-668.

榎本博明（2015）. モチベーションの新法則　日経文庫

Evans, M. G., Kiggundu, M. N., & House, R. J. (1979). A partial test and extension of the job characteristics model of motivation. *Organizational Behavior and Human Performance,* **24**, 354-381.

Frese, M., Kring, W., Soose, A., & Zempel, J. (1996). Personal initiative at work：Differences between East and West Germany. *Academy of Management Journal,* **39**, 37-63.

Gneezy, U., & Rustichini, A. (2000). A fine is a price. *Journal of Legal Studies,* **XXIX**, 1-17.

Hackman, J. R., & Oldham, G. R. (1975). Development of the job diagnostic survey. *Journal of Applied Psychology,* **60**, 159-170.

井手　亘（2000）. 仕事への動機づけ　外島　裕・田中堅一郎（編）産業・組織心理学エッセンス　ナカニシヤ出版

Kirkpatrick, S. (1992). *The effect of psychological variables on the job characteristics-work outcome relations.* Paper presented at the Eastern Academy of Management.

Kornhauser, W. (1962). *Scientists in industry : Conflict and accommodation.* Berkeley：

University of California Press.

（コーンハウザー，W.　三木信一（訳）（1964）．産業における科学技術者　ダイヤモンド社）

Lepper, M. R., Greene, D., & Nisbett, R. E.（1973）. Undermining children's intrinsic interest interest with extrinsic reward : A test of the "overjustification" hypothesis. *Journal of Personality and Social Psychology*, **28**, 129-137.

McClelland, D. C.（1987）. *Human motivation*. UK : Cambridge University Press.

（マクレランド，D. C.　梅津祐良・薗部明史・横山哲夫（訳）（2005）．モチベーション　生産性出版）

Murray, H. A.（1938）. *Explorations in personality : A clinical and experimental study of fifty men of college age*. Oxford University Press.

（マァレー，H. A.　外林大作（編訳）（1962）．パーソナリティ I　誠信書房）

Ryan, R. M., & Deci, E. L.（2000a）. Self-determination theory and the facilitation of intrinsic motivation, social development, and well-being. *American Psychologist*, **55**, 68-78.

Ryan, R. M., & Deci, E. L.（2000b）. Intrinsic and extrinsic motivations : Classic definitions and new directions. *Contemporary Educational Psychology*, **25**, 54-67.

田尾雅夫（1991）．組織の心理学　有斐閣

Walker, C. R., & Guest, R. H.（1952）. *The man on the assembly line*. Cambridge, MA : Harvard University Press.

Weiss, H., Davis, R., England, G., & Lofquist, L.（1967）. *Manual for the Minnesota Satisfaction Questionnaire*. Industrial Relations Centre, University of Minnesota.

第 3 章

Bandura, A.（1977）. Self-efficacy : Toward a unifying theory of behavioral change. *Psychological Review*, **84**, 191-215.

Bandura, A.（1982）. Self-efficacy mechanism in human agency. *American Psychologist*, **37**, 122-147.

Bandura, A.（1993）. Perceived self-efficacy in cognitive development and functioning. *Educational Psychologist*, **28**, 117-148.

Bandura, A.（Ed.）（1995）. *Self-efficacy in changing societies*. Cambridge University Press.

（バンデューラ，A.（編）本明　寛・野口京子（監訳）（1997）．激動社会の中の自己効力　金子書房）

Crandall, V. C., Katkovsky, W., & Crandall, V. J.（1965）. Children's beliefs in their own control of reinforcements in intellectual-academic achievement situations. *Child Development*, **36**, 91-109.

DeCharms, R.（1968）. *Personal causation : The internal affective determinants of behavior*. New York : Academic Press.

Dweck, C. S.（1975）. The role of expectations and attributions in the alleviation of learned helplessness. *Journal of Personality and Social Psychology*, **31**, 674-685.

Dweck, C. S., & Reppucci, N. D. (1973). Learned helplessness and reinforcement responsibility in children. *Journal of Personality and Social Psychology*, **25**, 109-116.

榎本博明 (2016). 一流は知っている！ ネガティブ思考力 幻冬舎

Norem, J. K. (2002). The positive psychology of negative thinking. *Journal of Clinical Psychology*, **58**, 993-1001.

Norem, J. K. (2008). Defensive pessimism, anxiety, and the complexity of evaluating self-regulation. *Social and Personality Psychology Compass*, **2**, 121-134.

Norem, J. K., & Cantor, N. (1986a). Defensive pessimism：Harnessing anxiety as motivation. *Journal of Personality and Social Psychology*, **51**, 1208-1217.

Norem, J. K., & Cantor, N. (1986b). Anticipatory and post hoc cushioning strategies：Optimism and defensive pessimism in "risky" situations. *Cognitive Therapy and Research*, **10**, 347-362.

Rotter, J. B. (1966). Generalized expectancy for internal vs external control of reinforcement. *Psychological Monographs*, **80**, 1-28.

Seligman, M. E. P. (1990). *Learned optimism*. New York：Knopf.
　（セリグマン, M. E. P.　山村宜子 (訳) (1994). オプティミストはなぜ成功するか　講談社文庫）

Seligman, M. E. P., & Csikszentmihalyi, M. (2000). Positive psychology：An introduction. *American Psychologist*, **55**, 5-14.

Weiner, B., Heckhousen, H., Meyer, W. U., & Cook, R. E. (1972). Causal ascriptions and achievement behavior：A conceptual analysis of effort and reanalysis of locus of control. *Journal of Personality and Social Psychology*, **21**, 239-248.

第4章

東　洋 (1994). 日本人のしつけと教育——発達の日米比較にもとづいて—— 東京大学出版会

Berlew, D. E., & Hall, D. T. (1964). *Some determinants of early managerial success*. A. P. Sloan School of Management Organization Research Program#81-64, 13.

Bruner, J. S. (1990). *Acts of meaning*. Harvard University Press.
　（ブルーナー, J. S.　岡本夏木・仲渡一美・吉村啓子 (訳) (1999). 意味の復権——フォークサイコロジーに向けて—— ミネルヴァ書房）

Dweck, C. S. (1986). Motivation processes affecting learning. *American Psychologist*, **41**, 1040-1048.

Elliot, A. J. (1999). Approach and avoidance motivation and achievement goals. *Educational Psychology*, **34**, 169-189.

Elliot, A. J., & Church, M. A. (1997). A hierarchical model of approach and avoidance achievement motivation. *Journal of Personality and Social Psychology*, **72**, 218-232.

引用文献

237

Elliot, A. J., & Church, M. A. (2003). A motivational analysis of defensive pessimism and self-handicapping. *Journal of Personality*, **71**, 369-396.

Elliot, A. J., & Harackiewicz, J. M. (1996). Approach and avoidance achievement goal and intrinsic motivation：A mediational analysis. *Journal of Personality and Social Psychology*, **70**, 461-475.

Elliot, A. J., & McGregor, H. A. (1999). Test anxiety and the hierarchical model of approach and avoidance achievement motivation. *Journal of Personality and Social Psychology*, **76**, 628-644.

榎本博明（2008a）. 語りを素材に自己をとらえる　榎本博明・岡田　努（編）自己心理学 1　自己心理学研究の歴史と方法（pp.104-128）　金子書房

榎本博明（2008b）. 自己物語から自己の発達をとらえる　榎本博明（編）自己心理学 2　生涯発達心理学へのアプローチ（pp.62-81）　金子書房

榎本博明（2015）. モチベーション・マネジメント　産業能率大学出版部

Iyengar, S. S., & Lepper, M. R. (1999). Rethinking the value of choice：A culture perspective on intrinsic motivation. *Journal of Personality and Social Psychology*, **76**, 349-366.

Latham, G. P., & Kinne, S. B. (1974). Improving job performance through training in goal setting. *Journal of Applied Psychology*, **59**, 187-191.

Livingston, J. S. (1969). *Pygmalion in management.* Harvard Business Review, July.
　　（リビングストン, J. S.（2009）. ピグマリオン・マネジメント　Diamond ハーバード・ビジネス・レビュー編集部（編・訳）新版　動機づける力——モチベーションの理論と実践——（pp.141-173）　ダイヤモンド社）

Locke, E. A., & Latham, G. P. (1984). *Goal setting.* NJ：Prentice-Hall.
　　（ロック, E. A.・ラザム, G. P.　松井賚夫・角山　剛（訳）（1984）. 目標が人を動かす——効果的な意欲づけの技法——　ダイヤモンド社）

Locke, E. A., & Latham, G. P. (2002). Building a practically useful theory of goal setting and task motivation：A 35-year odyssey. *American Psychologist*, **57**, 705-717.

Locke, E. A., & Latham, G. P. (2006). New directions in goal-setting theory. *Current Directions in Psychological Science*, **15**, 265-268.

Rosenthal, R., & Jacobson, L. (1968). *Pygmalion in the classroom : Teacher expectation and student intellectual development.* New York：Holt, Rinehart, & Winston.

佐野正彦（2017）. 若年労働市場の格差と若者の包摂・統合　乾　彰夫・本田由紀・中村高康（編）危機の中の若者たち——教育とキャリアに関する 5 年間の追跡調査——（pp.55-78）　東京大学出版会

高橋　潔（2006）. 人事評価　山口裕幸・高橋　潔・芳賀　繁・竹村和久　経営とワークライフに生かそう！　産業・組織心理学（pp.135-153）　有斐閣

Viswesvaran, C., Schmidt, F. L., & Ones, D. S. (2005). Is there a general factor in ratings of job performance?：A meta-analytic framework for disentangling substantive and error influences. *Journal of Applied Psychology*, **90**, 108-131.

第 5 章

安達智子（1998）．大学生の就業動機測定の試み　実験社会心理学研究, **38**, 172-182.

安達智子（2001）．進路選択に対する効力感と就業動機, 職業未決定の関連について——女子短大生を対象とした検討——　心理学研究, **72**, 10-18.

Betz, N. E., & Voyten, K. K.（1977）. Efficacy and outcome expectations influence career exploration and decidedness. *Career Development Quarterly*, **46**, 179-189.

榎本博明（2006）．キャリア形成力尺度の信頼性と妥当性　日本心理学会第 70 回大会発表論文集, 64.

榎本博明（2012）．「やりたい仕事」病　日経プレミアシリーズ

榎本博明（2014）．キャリア形成力尺度の信頼性と妥当性　自己心理学, **6**, 20-34.

榎本博明（2018）．自己実現という罠——悪用される「内発的動機づけ」——　平凡社新書

Erikson, E. H.（1959）. *Identity and the life cycle*. Psychological Issues 1 [Monograph 1]. New York：International University Press.

（エリクソン, E. H.　小此木啓吾（訳編）（1973）．自我同一性——アイデンティティとライフサイクル——　誠信書房）

Hall, D. T.（2002）. *Careers in and out of organizations*. California：Sage.

Hansen, L. S.（1981）. New goals and strategies for vocational guidance and counseling. *International Journal for the Advancement of Counseling*, **4**, 21-34.

Herr, E. L.（1997）. Career counseling：A process in process. *British Journal of Guidance and Counseling*, **25**, 81-93.

Herr, E. L.（2001）. Career development and its practice：A historical perspective. *The Career Development Quarterly*, **49**, 196-211.

Herr, E. L., & Cramer, S. H.（1992）. *Career guidance and counseling through the lifespan : Systematic approaches*. New York：Harper Collins.

Herr, E. L., & Cramer, S. H.（1996）. *Career guidance and counseling through the lifespan : Systematic approaches* (5th ed.). New York：Wesley Longman.

本田由紀（2011）．軋む社会——教育・仕事・若者の現在——　河出文庫

金井壽宏（2003）．キャリア・デザイン・ガイド——自分のキャリアをうまく振り返り展望するために——　白桃書房

今野晴貴（2012）．ブラック企業——日本を食いつぶす妖怪——　文春新書

今野晴貴（2015）．ブラック企業 2——「虐待型管理」の真相——　文春新書

三木佳光（2005）．キャリア発達の概念と大学のキャリア形成支援の一考察　文教大学国際学部紀要, **15**, 151-174.

中西信男（1995）．ライフ・キャリアの心理学——自己実現と成人期——　ナカニシヤ出版

岡田昌毅・金井篤子（2006）．仕事, 職業キャリア発達, 心理・社会的発達の関係とプロセスの検討——企業における成人発達に焦点をあてて——　産業・組織心理学研究, **20**, 51-62.

Schein, E. H.（1978）. *Career dynamics : Matching individual and organizational needs*. Reading, MA：Addison-Wesley.

引用文献 239

（シャイン, E. H.　二村敏子・三善勝代（訳）（1991）. キャリア・ダイナミクス——キャリアとは, 生涯を通しての人間の生き方・表現である。——　白桃書房）

Schein, E. H.（1990）. *Career anchors : Discovering your real values*（Revised ed.）. Jossey-Bass.
（シャイン, E. H.　金井壽宏（訳）（2003）. キャリア・アンカー——自分のほんとうの価値を発見しよう——　白桃書房）

Super, D. E.（1951）. Vocational adjustment : Implementing a self-concept. *Occupations*, **30**, 88-92.

Super, D. E.（1957）. *The psychology of careers.* New York : Harper & Row.

Super, D. E.（1984）. Career and life development. In D. Brown, & L. Brooks（Eds.）, *Career choice and development.* Jossey-Bass.

Taylor, K. M., & Betz, N. E.（1983）. Applications of self-efficacy theory to the understanding and treatment of career indecision. *Journal of Vocational Behavior*, **22**, 63-81.

Taylor, K. M., & Popma, J.（1990）. An examination of the relationships among career decision-making self-efficacy, career salience, locus of control, and vocational indecision. *Journal of Vocational Behavior*, **37**, 17-31.

浦上昌則（1995）. 女子短期大学生の進路選択に対する自己効力と職業不決断——Taylor & Betz（1983）の追試的検討——　進路指導研究, **16**, 40-45.

渡辺三枝子・Herr, E. L.（1998）. 進化の過程にあるキャリアカウンセリング——アメリカの実情から学ぶ——　進路指導研究, **18**, 26-35.

第6章

Costa, P. T. Jr., & MaCrae, R. R.（1988）. Personality in adulthood : A six-year longitudinal study of self-reports and spouse ratings on the NEO Personality Inventory. *Journal of Personality and Social Psychology*, **54**, 853-863.

Costa, P. T. Jr., & MaCrae, R. R.（1995）. Domains and facets : Hierarchical personality assessment using the revised NEO personality inventory. *Journal of Personality Assessment*, **64**, 21-50.

榎本博明（1999）.〈私〉の心理学的探求——物語としての自己の視点から——　有斐閣選書

榎本博明（2002）.〈ほんとうの自分〉のつくり方——自己物語の心理学——　講談社現代新書

榎本博明（2004）. 対人関係にあらわれるパーソナリティ　榎本博明・桑原知子（編著）新訂　人格心理学（pp.38-53）　放送大学教育振興会

榎本博明（2008a）. 語りを素材に自己をとらえる　榎本博明・岡田　努（編）自己心理学 1　自己心理学研究の歴史と方法（pp.104-128）　金子書房

榎本博明（2008b）. 自己物語から自己の発達をとらえる　榎本博明（編）自己心理学 2　生涯発達心理学へのアプローチ（pp.62-81）　金子書房

榎本博明（2009）. 意味への意志と自己実現に関する調査研究——尺度構成について——　第 14 回自己心理学ワークショップ発表論文集, 1-5.

FFPQ 研究会（1998）．FFPQ（5因子性格検査）　北大路書房

Goldberg, L. R.（1990）. An alternative "description of personality"：The Big-Five factor structure. *Journal of Personality and Social Psychology*, **59**, 1216-1229.

Goldberg, L. R., Sweeney, D., Merenda, P. F., & Hughes, J. E.（1996）. The Big-Five structure as an integrative framework：An analysis of Clarke's AVA model. *Journal of Personality Assessment*, **66**, 441-471.

Holland, J. L.（1973）. *Making vocational choices : A theory of careers.* Englewood Cliffs, NJ：Prentice Hall.

Jung, C. G.（1916/1948）. *Uber die Psychologie des Unbewussten.* Zurich.
　　（ユング, C. G.　高橋義孝（訳）（1977）．無意識の心理　人文書院）

Jung, C. G.（1921）. *Allgemeine Beshreibung der Typen.*
　　（ユング, C. G.　吉村博次（訳）（1974）．心理学的類型　世界の名著　続14　中央公論社）

柏木繁男（1997）．性格の評価と表現——特性5因子論からのアプローチ——　有斐閣

Kretschmer, E.（1921/1955）. *Korperbau und Charakter.*
　　（クレッチメル, E.　相場　均（訳）（1960）．体格と性格——体質の問題および気質の学説によせる研究——　文光堂）

並川　努・谷　伊織・脇田貴文・熊谷龍一・中根　愛・野口裕之（2012）．Big Five 尺度短縮版の開発と信頼性と妥当性の検討　心理学研究, **83**, 91-99.

大沢武志（1989）．採用と人事測定——人材選抜の科学——　朝日出版社

Ronen, S., Kraut, A. I., Lingoes, J. C., & Aranya, N.（1979）. A nonmetric scaling approach to taxonomies of employee work motivation. *Multivariate Behavioral Research*, **14**, 387-401.

Schein, E. H.（1990）. *Career anchors : Discovering your real values*（Revised ed.）. Jossey-Bass.
　　（シャイン, E. H.　金井壽宏（訳）（2003）．キャリア・アンカー——自分のほんとうの価値を発見しよう——　白桃書房）

Schein, E. H.（1996）. *Career anchors revisited : Implication for career development in the 21st century.* MIT Sloan School of Management.

下仲順子・中里克治・権藤恭之・高山　緑（1999）．NEO-PI-R, NEO-FFI 共通マニュアル　東京心理

和田さゆり（1996）．性格特性用語を用いた Big Five 尺度の作成　心理学研究, **67**, 61-67.

渡辺三枝子・松本純平・舘　暁夫・松本真作（1982）．Holland の職業選択理論の日本人大学生への適用に関する研究（1）進路指導研究, **3**, 2-9.

渡辺三枝子（2007）．新版　キャリアの心理学——キャリア支援への発達的アプローチ——　ナカニシヤ出版

第7章

Arthur, M. B., Hall, D. T., & Lawrence, B. S.（1989）. Generating new directions in career theory：The case for a transdisciplinary approach. In M. B. Arthur, D. T. Hall, & B. S. Lawrence（Eds.）, *Handbook of career theory*（pp.7-25）. Cambridge, England：Cambridge

引 用 文 献　　　241

University Press.

Bright, J. E. H., & Pryor, R. G. L.（2005）. The chaos theory of careers：A user's guide. *The Career Development Quarterly*, **53**, 291-305.

Bright, J. E. H., Pryor, R. G. L., Wilkenfield, S., & Earl. J.（2005）. Influence of social context on career decision-making. *International Journal of Educational and Vocational Guidance*, **5**, 19-36.

榎本博明（2009）. 自伝的記憶　日本社会心理学会（編）社会心理学事典（pp.18-19）　丸善

榎本博明（2012）.「やりたい仕事」病　日経プレミアシリーズ

Erikson, E. H.（1959）. *Identity and the life cycle.* Psychological Issues 1 ［Monograph 1］. New York：International University Press.

　　（エリクソン, E. H.　小此木啓吾（訳編）（1973）. 自我同一性――アイデンティティとライフサイクル――　誠信書房）

Erikson, E. H.（1982）. *The life cycle completed : A review.* New York：W. W. Norton.

　　（エリクソン, E. H.　村瀬孝雄・近藤邦夫（訳）（1989）. ライフサイクル, その完結　みすず書房）

Fitzgerald, J. M.（1988）. Vivid memories and the reminiscence phenomenon：The role of a self narrative. *Human Development*, **31**, 261-273.

Gelatt, H. B.（1989）. Positive uncertainty：A new decision-making framework for counseling. *Journal of Counseling Psychology*, **36**, 252-256.

Herr, E. L., & Cramer, S. H.（1996）. *Career guidance and counseling through the lifespan : Systematic approaches*（5th ed.）. New York：Wesley Longman.

Josselson, R.（1996）. *Revising herself : The story of women's identity from college to midlife.* New York：Oxford University Press.

Kroger, J.（1995）. The differentiation of "firm" and "developmental" foreclosure identity statuses：A longitudinal study. *Journal of Research on Adolescence*, **10**, 317-337.

Kroger, J.（2000）. *Identity development : Adolescence through adulthood.* Thousand Oaks, CA：Sage.

　　（クロガー, J.　榎本博明（編訳）（2005）. アイデンティティの発達――青年期から成人期――　北大路書房）

Krumboltz, J. D.（1994）. The career beliefs inventory. *Journal of Counseling and Development*, **72**, 424-428.

Krumboltz, J. D.（1996）. A learning theory of career counseling. In M. L. Savickas, & W. B. Walsh（Eds.）, *Handbook of career counseling theory and practice*（pp.55-80）. Palo Alto, CA：Davies-Black.

Krumboltz, J. D., & Levin, A. S.（2004）. *Luck is no accident.* Impact Publishers.

　　（クランボルツ, J. D.・レヴィン, A. S.　花田光世・大木紀子・宮地夕紀子（訳）（2005）. その幸運は偶然ではないんです！――夢の仕事をつかむ心の練習問題――　ダイヤモンド社）

Marcia, J. E.（1966）. Development and validation of ego identity status. *Journal of Personality and Social Psychology*, **3**, 551-558.

McDaniels, C.（1978）. The practice of career guidance and counseling. *UBFORM*, **7**, 1-2, 7-8.

Mitchell, K. E., Levin, A. S., & Krumboltz, J. D.（1999）. Planned happenstance：Constructing unexpected career opportunities. *Journal of Counseling and Development*, **77**, 115-124.

中西信男（1995）. ライフ・キャリアの心理学――自己実現と成人期―― ナカニシヤ出版

Nevill, D. D., & Super, D. E.（1986）. *The values scale manual : Theory, application, and research.* Palo Alto, CA：Consulting Psychologists Press.

Papini, D. R., Micka, J. C., & Barnett, J. K.（1989）. Perceptions of intrapsychic and extrapsychic functioning as bases of adolescent ego identity status. *Journal of Adolescent Research*, **4**, 462-482.

Perosa, L. M., Perosa, S. L., & Tam, H. P.（1996）. The contribution of family structure and differentiation to identity development in females. *Journal of Youth and Adolescence*, **25**, 817-837.

Pryor, R. G. L., & Bright, J. E. H.（2012）. The value of failing in career development：A chaos theory perspective. *International Journal of Educational and Vocational Guidance*, **12**, 67-79.

Pryor, R. G. L., & Bright, J. E. H.（2014）. The chaos theory of careers（CTC）：Ten years on and only just begun. *Australian Journal of Career Development*, **23**, 4-12.

Quintana, S. M., & Lapsley, D. K.（1990）. Rapprochement in late adolescent separation-individuation：A structural equations approach. *Journal of Adolescence*, **13**, 371-385.

渡辺三枝子（2007）. 新版 キャリアの心理学――キャリア支援への発達的アプローチ―― ナカニシヤ出版

第 8 章

Bazerman, M. H.（1983）. Negotiator judgment：A critical look at the rationality assumption. *American Behavioral Scientist*, **27**, 211-228.

Burger, J. M.（1986）. Increasing compliance by improving the deal：The that's-not-all technique. *Journal of Personality and Social Psychology*, **51**, 277-283.

Chaiken, S.（1980）. Heuristic versus systematic information processing and the use of source versus message cues in persuasion. *Journal of Personality and Social Psychology*, **39**, 752-766.

Cialdini, R. B.（2008）. *Influence : Science and practice*（5th ed.）. Prentice-Hall.
（チャルディーニ, R. B. 社会行動研究会（訳）（2014）. 影響力の武器［第3版］――なぜ, 人は動かされるのか―― 誠信書房）

Cialdini, R. B., Cacioppo, J. T., Bassett, R., & Miller, J. A.（1978）. Low-ball procedure for producing compliance：Commitment then cost. *Journal of Personality and Social Psychology*, **36**, 463-476.

引用文献 243

Cialdini, R. B., Vincent, J. E., Lewis, S. K., Catalan, J., Wheeler, D., & Darby, B. L.（1975）. Reciprocal concessions procedure for inducing compliance：The door in the face technique. *Journal of Personality and Social Psychology*, **31**, 206-215.

Festinger, L.（1957）. *A theory of cognitive dissonance.* Row, Peterson and Company.
（フェスティンガー, L.　末永俊郎（監訳）（1965）. 認知的不協和の理論――社会心理学序説―― 誠信書房）

Freedman, J. L., & Fraser, S. C.（1966）. Compliance without pressure：The foot in the door technique. *Journal of Personality and Social Psychology*, **4**, 195-203.

Hovland, C. I., Lumsdaine, A. A., & Sheffield, F. D.（1949）. *Experiments on mass communication.* Princeton：Princeton University Press.

Janis, I. L., Kaye, D., & Kirschner, P.（1965）. Facilitating effects of "Eating-While-Reading" on responsiveness to persuasive communications. *Journal of Personality and Social Psychology*, **1**, 181-186.

Kahneman, D., & Tversky, A.（1979）. Prospect theory：An analysis decision under risk. *Econometrica*, **47**, 263-291.

Neal, M. A., & Bazerman, M. H.（1985）. The effects of framing and negotiator overconfidence on bargaining behaviors and outcomes. *Academy of Management Journal*, **28**, 34-49.

Petty, R. E., & Cacioppo, J. T.（1986）. *Communication and persuasion：Central and peripheral routes to attitude change.* New York：Springer-Verlag.

Petty, R. E., & Cacioppo, J. T.（1990）. Involvement and persuasion：Tradition versus integration. *Psychological Bulletin*, **107**, 367-374.

Pruitt, D. G., & Lewis, S. A.（1975）. Development of integrative solutions in bilateral negotiation. *Journal of Personality and Social Psychology*, **31**, 621-630.

Regan, D. T.（1971）. Effects of a favor and liking on compliance. *Journal of Experimental and Social Psychology*, **7**, 627-639.

榊　博文（1989）. 説得を科学する　同文館出版

Thompson, L. L.（1990a）. The influence of experience on negotiation performance. *Journal of Experimental Social Psychology*, **26**, 528-544.

Thompson, L. L.（1990b）. An examination of naïve and experienced negotiators. *Journal of Personality and Social Psychology*, **59**, 82-90.

Thompson, L. L., & Hastie, R.（1990）. Social perception in negotiation. *Organizational Behavior and Human Decision Processes*, **47**, 98-123.

土田昭司（1989）. 説得における「精緻化見込みモデル」　大坊郁夫・安藤清志・池田謙一（編）社会心理学パースペクティブ 1――個人から他者へ――（pp.236-250）　誠信書房

Tversky, A., & Kahneman, D.（1981）. The framing of the decisions and the psychology of choice. *Science*, **40**, 453-463.

第9章

Ajzen, I. (1991). The theory of planned behavior. *Organizational Behavior and Human Decision Processes*, **50**, 179-211.

秋山　学 (2012). 消費者行動における動機づけと感情　杉本徹雄（編著）新・消費者理解のための心理学（pp.99-114）　福村出版

Assael, H. (2004). *Consumer behavior : A strategic approach*. Houghton Mifflin.

Blackwell, R. D., Miniard, P. W., & Engel, J. F. (2006). *Consumer behavior* (10th ed.). Thompson.

Cloninger, C. R., Svrakic, D. M., & Przybeck, T. R. (1993). A psychological model of temperament and character. *Archives of General Psychology*, **50**, 975-990.

Engel, J. F., Kollat, D. T., & Blackwell, R. D. (1968). *Consumer behavior*. Holt, Rinehart & Winston.

榎本博明 (2018). ビジネス心理学　100本ノック　日経文庫

Fazio, R. H. (1990). Multiple processes by which attitudes guide behavior : The MODE model as an integrative framework. *Advances in Experimental Social Psychology*, **23**, 75-109.

Fishbein, M. (1963). An investigation of the relationships between beliefs about an object and the attitude toward that object. *Human Relations*, **16**, 233-240.

Fishbein, M., & Ajzen, I. (1975). *Belief, attitude, intention, and behavior : An introduction to theory and research*. Addison-Wesley.

Haire, M. (1950). Projective techniques in marketing research. *Journal of Marketing Research*, **14**, 649-652.

Jones, C. R. M., & Fazio, R. H. (2008). Associative strength and consumer choice behavior. In C. P. Haughtvedt, P. M. Herr, & F. R. Kardes (Eds.), *Handbook of consumer psychology* (pp.437-459). Lawrence Erlbaum Associates.

Kahneman, D. (2011). *Thinking, fast and slow*. Penguin Books.
（カーネマン，D.　村井章子（訳）(2014). ファスト＆スロー──あなたの意思はどのように決まるか？（上・下）──　早川書房）

Kahneman, D., & Tversky, A. (1979). Prospect theory : An analysis of decision under risk. *Econometrica*, **47**, 263-291.

小嶋外弘 (1964). 消費者心理の研究　日本生産性本部

小嶋外弘 (1972). 新・消費者心理の研究　日本生産性本部

小嶋外弘 (1986). 価格の心理──消費者は何を購入決定の"モノサシ"にするのか──　ダイヤモンド社

Kojima, S. (1994). Psychological approach to consumer buying decisions : Analysis of the psychological purse and psychology of price. *Japanese Psychological Research*, **36**, 10-19.

小嶋外弘・赤松　潤・濱　保久 (1983). 消費者行動解明のための新しいカギ　心理的財布──その理論と実証──　DIAMONDハーバードビジネス, **8**, 19-28.

小嶋外弘・杉本徹雄・永野光朗 (1985). 製品関与と広告コミュニケーション効果　広告科学,

11, 34-44.

Maslow, A. H.（1954）. *Motivation and personality.* Harper & Row, Publishers.

　　（マズロー, A. H.　小口忠彦（監訳）（1971）. 人間性の心理学――モチベーションとパー
　　ソナリティ――　産業能率大学出版部）

竹村和久（2006）. 消費者行動　山口裕幸・高橋　潔・芳賀　繁・竹村和久　経営とワークラ
　　イフに生かそう！　産業・組織心理学（pp.155-173）　有斐閣

Tversky, A., & Kahneman, D.（1981）. The framing of decisions and the psychology of choice.
　　Science, **211**, 453-458.

第10章

有賀敦紀・井上淳子（2013）. 希少性の認知が消費者の選好に及ぼす影響　日本認知心理学会
　　第11回大会発表論文集, 17.

Basuroy, S., Chatterjee, S., & Ravid, S. A.（2003）. How critical are critical reviews?　The box
　　office effects of film critics, star power, and budgets. *Journal of Marketing*, **67**, 103-117.

Baumeister, R. F., Bratslavsky, E., Finkenauer, C., & Vohs, K. D.（2001）. Bad is stronger than
　　good. *Review of General Psychology*, **5**, 323-370.

Chevalier, J., & Mayzlin, D.（2006）. The effect of word of mouth on scales：Online book
　　reviews. *Journal of Marketing Research*, **43**, 345-354.

Cialdini, R. B.（2008）. *Influence：Science and practice*（5th ed.）. Prentice-Hall.

　　（チャルディーニ, R. B.　社会行動研究会（訳）（2014）. 影響力の武器［第3版］――な
　　ぜ, 人は動かされるのか――　誠信書房）

Colley, R. H.（1961）. *Defining advertising goals for measured advertising results.* Association of
　　National Advertisers.

Feick, L. F., & Price, L. L.（1987）. The market maven：A diffuser of marketplace information.
　　Journal of Marketing, **51**, 83-97.

濱　保久（1991）. 商品・企業イメージに及ぼす比較広告の相互作用効果　心理学研究, **62**,
　　39-45.

Kats, E., & Lazarsfeld, P. F.（1955）. *Personal influence：The part played by people in the flow of
　　mass communications.* The Free Press.

　　（カッツ, E.・ラザースフェルド, P. F.　竹内郁郎（訳）（1965）. パーソナル・インフルエ
　　ンス――オピニオン・リーダーと人びとの意思決定――　培風館）

小嶋外弘（1993）. 広告の心理学の展望　小嶋外弘・林　英夫・小林貞夫（編著）広告の心理
　　学（pp.1-19）　日本経済新聞社

神山　進（1994）. ファッションの経営心理　斎藤　勇・藤森立男（編）経営産業心理学パー
　　スペクティブ（pp.163-176）　誠信書房

楠本和哉（2013）. 広告計画と効果測定　杉本徹雄（編）マーケティングと広告の心理学
　　（pp.107-124）　朝倉書店

Packard, V.（1960）. *The waste makers.* David McKay Company.

（パッカード, V.　南　博・石川弘義（訳）（1961）.浪費をつくり出す人々　ダイヤモンド社）

Rogers, E. M.（1962/2003）. *Diffusion of innovations*（5th ed.）. Glencoe：Free Press.
（ロジャーズ, E. M.　三藤利雄（訳）（2007）.イノベーションの普及　翔泳社）

Rozin, P., & Royzman, E. B.（2001）. Negativity bias, negativity dominance, and contagion. *Personality and Social Psychology Review*, **5**, 296-320.

Solomon, M. R.（2011）. *Consumer behavior：Buying, having, and being*（9th ed.）. Prentice Hall.

杉本徹雄（1993）.広告の受け手（2）　小嶋外弘・林　英夫・小林貞夫（編著）広告の心理学（pp.175-191）　日本経済新聞社

杉谷陽子（2012）.情報の伝播と消費者行動　杉本徹雄（編著）新・消費者理解のための心理学（pp.183-201）　福村出版

棚橋菊夫（2012）.記憶　杉本徹雄（編著）新・消費者理解のための心理学（pp.77-98）　福村出版

Trusov, M., Bucklin, R. E., & Pauwels, K.（2009）. Effects of word-of mouth versus traditional marketing：Findings from an internet social networking site. *Journal of Marketing*, **73**, 90-102.

Walker, C.（1995）. Word of mouth. *American Demographics*, **17**, 38-43.

Wilkie, W. L.（1990）. *Consumer behavior*（2nd ed.）. New York：John Wiley & Sons.

Yoo, C. Y.（2008）. Unconscious processing of web advertising：Effects on implicit memory, attitude toward the brand, and consideration set. *Journal of Interactive Marketing*, **22**, 2-18.

第11章

Avolio, B. J.（1999）. *Full leadership development : Building the vital forces in organizations*. Sage.

Bass, B. M.（1998）. *Transformational leadership : Industrial, military, and educational impact*. Lawrence Erlbaum Associates.

榎本博明（2014）.仕事で使える心理学　日経文庫

French, J. R. P. Jr., & Raven, B. H.（1959）. The basses of social power. In D. Cartwright（Ed.）, *Studies in social power*（pp.150-167）. Ann Arbor, Michigan：Institute for Social Research.

Hersey, P., & Branchard, K. H.（1977）. *The management of organizational behavior*. Englewood Cliffs, NJ：Prentice Hall.
（ハーシー, P.・ブランチャード, K. H.　山本成二・水野　基・成田　攻（訳）（1978）.入門から応用へ　行動科学の展開——人的資源の活用——　生産性出版）

本間道子（2011）.集団行動の心理学——ダイナミックな社会関係のなかで——　サイエンス社

Leavitt, H. J.（1951）. Some effects of certain communication patterns on group performance. *Journal of Abnormal and Social Psychology*, **46**, 38-50.

Lewin, K., Lippitt, R., & White, R.（1939）. Patterns of aggressive behavior in experimentally created social climates. *Journal of Social Psychology*, **10**, 271-301.

引用文献　　247

三隅二不二（1984）. リーダーシップ行動の科学（改訂版）　有斐閣

三隅二不二（1986）. リーダーシップの科学　講談社

三隅二不二（1988）. 組織におけるリーダーシップ　三隅二不二・山田雄一・南　隆男（編）（1988）. 応用心理学講座1　組織の行動科学（pp.164-197）　福村出版

三隅二不二・杉万俊夫・窪田由起・亀石圭志（1979）. 企業組織体における中間管理者のリーダーシップ行動に関する実証的研究　実験社会心理学研究, **19**, 1-14.

Raven, B. H.（1965）. Social influence and power. In I. D. Steiner, & M. Fishbein（Eds.）, *Current studies in social psychology.* New York：Holt, Rinehart, Winston.

White, R., & Lippitt, R.（1960）. Leader behavior and member reaction in "Three Social Climates". In D. Cartwright, & A. Zander（Eds.）, *Group dynamics*（2nd ed., pp.527-553）. New York：Harper.

（ホワイト, R.・リピット, R.　三隅二不二・佐々木　薫（訳編）（1970）. グループ・ダイナミックスⅡ（pp.581-608）　誠信書房）

第12章

Asch, S. E.（1955）. Opinions and social pressure. *Scientific American*, **193**（5）, 31-35.

Asch, S. E.（1956）. Studies of independence and conformity：A minority of one against a unanimous majority. *Psychological Monographs*, **70**.

Deutch, M., & Gerard, H. B.（1955）. A study of normative and informational social influence upon individual judgment. *Journal of Abnormal and Social Psychology*, **51**, 629-636.

榎本博明（2012）.「俺は聞いてない！」と怒りだす人たち　朝日新書

榎本博明（2017）.「忖度」の構造——空気を読みすぎる部下, 責任を取らない上司——　イースト新書

本間道子（2011）. 集団行動の心理学——ダイナミックな社会関係のなかで——　サイエンス社

本間道子・小山田恵美・橘川博美（2004）. 集団決定における hidden profile 現象とコミュニケーション・モードの効果　日本女子大学紀要人間社会学部, **14**, 91-107.

三隅二不二（1988）. 組織におけるリーダーシップ　三隅二不二・山田雄一・南　隆男（編）（1988）. 応用心理学講座1 組織の行動科学（pp.164-197）　福村出版

岡本浩一（2006）. 社会的責任と倫理　古川久敬（編）産業・組織心理学（pp.173-190）　朝倉書店

岡本浩一・鎌田晶子（2006）. 属人思考の心理学——組織風土改善の社会技術——　新曜社

Schachter, S.（1951）. Deviation, rejection and communication. *Journal of Abnormal and Social Psychology*, **46**, 190-207.

Stasser, G., & Stewart, D.（1992）. Discovering of hidden profiles by decision-making groups：Solving a problem versus making a judgment. *Journal of Personality and Social Psychology*, **63**, 426-434.

Stasser, G., Taylor, L. A., & Hanna, C.（1989）. Information sampling in structured and unstructured discussions of three-and six-person group. *Journal of Personality and Social Psychology*, **57**, 67-78.

Stasser, G., & Titus, W.（1985）. Pooling of unshared information in group decision making： Biased information sampling during discussions. *Journal of Personality and Social Psychology*, **48**, 1467-1478.

Stasser, G., & Titus, W.（1987）. Effects of information load and percentage of shared information on the dissemination of unshared information during group discussion. *Journal of Personality and Social Psychology*, **53**, 81-97.

Wallach, M. A., Kogan, N., & Bem, D. J.（1962）. Group influence on individual risk taking. *Journal of Abnormal and Social Psychology*, **65**, 75-86.

Weisband, S. P.（1992）. Group discussion and first advocacy effects in computer-mediated and face-to-face decision making groups. *Organizational Behavior and Human Decision Processes*, **53**, 352-380.

第 13 章

Cohen, S., Frank, E., Doyle, W., Skoner, D. P., Rabin, B. S., & Gwaltney, J. M. Jr.（1998）. Types of stressors that increase susceptibility to the common cold in healthy adults. *Health Psychology*, **17**, 214-223.

Cooper, C. L., & Marshall, J.（1976）. Occupational sources of stress：A review of the relating to coronary heart disease and mental ill health. *Journal of Occupational Psychology*, **49**, 11-28.

榎本博明（1983）. 対人関係を規定する要因としての自己開示研究　心理学評論, **26**, 148-164.

榎本博明（1986）. 自己開示　詫摩武俊（監修）パッケージ性格の心理　第 5 巻　自分の性格と他人の性格（pp.25-40）　ブレーン出版

榎本博明（1997）. 自己開示の心理学的研究　北大路書房

榎本博明（2011）. モヤモヤした自分を解消　自己分析＆心理テスト　産業能率大学出版部

榎本博明（2017）. 心を強くするストレスマネジメント　日経文庫

Flach, F. F.（1997）. *Resilience：The power to bounce back when the going gets tough!*　New York：Hatherleigh Press.

Folkman, S., & Lazarus, R. S.（1980）. An analysis of coping in a middle-aged community sample. *Journal of Health and Social Behavior*, **21**, 219-239.

Garay-Sevilla, M. E., Nava, L. E., Malacara, J. M., Huerta, R., Diaz-de-Leon, J., Mena, A., & Fajardo, M. E.（1995）. Adherence to treatment and social support in patients with non-insulin dependent diabetes mellitus. *Journal of Diabetes Complications*, **9**（2）, 81-86.

Herzberg, D. S., Hammen, C. L., Burge, D., Daley, S. E., Davila, J., & Lindberg, N.（1998）. Social competence as predictor of chronic interpersonal stress. *Personal Relationships*, **5**, 207-218.

引用文献 249

Holmes, T. H., & Rahe, R. H.（1967）. The social readjustment rating scale. *Journal of Psychosomatic Research*, **11**, 213-218.

石毛みどり（2002）. 中学生におけるレジリエンス（精神的回復力）尺度の作成　お茶の水女子大学人間文化研究科平成13年度修士論文（未刊行）

石毛みどり（2004）. 中学生におけるレジリエンスと無気力観の関連　お茶の水女子大学人間文化論叢, **6**, 243-252.

石毛みどり・無藤　隆（2006）. 中学生のレジリエンスとパーソナリティの関連　パーソナリティ研究, **14**（3）, 266-280.

Lazarus, R. S.（1999）. *Stress and emotion : A new synthesis.* New York : Springer.
（ラザルス, R. S.　本明　寛（監訳）（2004）. ストレスと情動の心理学——ナラティブ研究の視点から——　実務教育出版）

Lazarus, R. S., & Folkman, S.（1984）. *Stress, appraisal, and coping.* New York : Springer.
（ラザルス, R. S.　本明　寛・春木　豊・織田正美（監訳）（1991）. ストレスの心理学——認知的評価と対処の研究——　実務教育出版）

Masten, A. S., Best, K. M., & Garmezy, N.（1990）. Resilience and development : Contributions from the study of children who overcome adversity. *Development and Psychopathology*, **2**, 425-444.

夏目　誠（2000）. 勤労者のストレス評価法（第2報）　産業衛生学会誌, **42**, 107-118.

夏目　誠・村田　弘・藤井久和（1988）. 勤労者におけるストレス評価法　産業医学, **30**, 267-279.

小塩真司・中谷素之・金子一史・長峰伸治（2002）. ネガティブな出来事からの立ち直りを導く心理的特性—精神的回復力尺度の作成　カウンセリング研究, **35**, 57-65.

Pennebaker, J. W., & O'Heeron, R. C.（1984）. Confiding in others and illness rate among spouses of suicide and accidental death victims. *Journal of Abnormal Psychology*, **93**, 473-476.

Pennebaker, J. W., & Susman, J. R.（1988）. Disclosure of traumas and psychosomatic processes. *Social Science and Medicine*, **26**, 327-332.

Rahe, R. H., Meyer, M., Smith, M., Kjaer, G., & Holmes, T. H.（1964）. Social stress and illness onset. *Journal of Psychosomatic Research*, **8**, 35-44.

Razarus, R. S.（1984）. Puzzles in the study of daily hassles. *Journal of Behavioral Medicine*, **7**, 375-389.

Ryff, C. D., Singer, B. H., Wing, E., & Love, G. D.（2001）. Elective affinities and uninvited agonies : Mapping emotion with significant others onto health. In C. D. Ryff, & B. H. Singer（Eds.）, *Emotion, social relationships, and health*（pp.133-175）. Oxford University Press.

Selye, H.（1936）. A syndrome produced by diverse nocuous agents. *Nature*, **138**, 32.

Selye, H.（1976）. *The stress of life*（Revised ed.）. New York : McGraw-Hill.
（セリエ, H.　杉　靖三郎・田多井吉之介・藤井尚治・竹宮　隆（訳）（1988）. 現代社会

とストレス　法政大学出版局）

Shimazu, A., Shimazu, M., & Odahara, T. (2004). Job control and social support as resources of coping : Effects on job satisfaction. *Psychological Reports*, **94**, 449-456.

Shimazu, A., Shimazu, M., & Odahara, T. (2005). Divergent effects of active coping on psychological distress in the context of the job demands-control-support model : The roles of job control and social support. *International Journal of Behavioral Medicine*, **12**, 192-198.

Spiegel, D., & Classen, C. (2000). *Group therapy for cancer patients : A research-based handbook of psychosocial care*. New York : Basic Books.
（スピーゲル, D.・クラッセン, C.　朝倉隆司・田中祥子（監訳）(2003). がん患者と家族のためのサポートグループ　医学書院）

Spiegel, D., Kraemer, H. C., Bloom, J. R., & Gottheil, E. (1989). Effect of psychosocial treatment on survival of patients with metastatic breast cancer. *Lancet*, **334**, 888-891.

Turner, R. J., & Wheaton, B. (1995). Checklist measurement of stressful life events. In S. Choen, R. C. Kessler, & L. U. Goldon (Eds.), *Measuring stress : A guide for health and social scientists* (pp.29-58). New York : Oxford University Press.

Wagnild, G. M., & Young, H. M. (1993). Development and psychometric evaluation of the resilience scale. *Journal of Nursing Measurement*, **1**, 165-179.

人 名 索 引

ア　行

アーサー（Arthur, M. B.）　114
アイゼン（Ajzen, I.）　148
アヴォリオ（Avolio, B. J.）　190
アサエル（Assael, H.）　150
東　洋　70
安達智子　74
アッシュ（Asch, S. E.）　198, 202
アトキンソン（Atkinson, J. W.）　20
有賀敦紀　170
アルダファー（Alderfer, C. P.）　14

イェンガー（Iyengar, S. S.）　68, 70
石毛みどり　230

ヴィスウェスヴェラン（Viswesvaran, C.）
　62
ウィルキー（Wilkie, W. L.）　172
ウォーカー（Walker, C. R.）　28

エヴァンス（Evans, M. G.）　30
榎本博明　64, 76, 84, 104, 108
エリクソン（Erikson, E. H.）　76, 110,
　112
エンゲル（Engel, J. F.）　148

オオウチ（Ouchi, W. G.）　8
大沢武志　100
岡田昌毅　78
岡本浩一　198

小塩真司　230

カ　行

カークパトリック（Kirkpatrick, S.）　30
カーネマン（Kahneman, D.）　126, 152
カッツ（Kats, E.）　166

キャンピョン（Campion, M. A.）　30
キンタナ（Quintana, S. M.）　114

クーパー（Cooper, C. L.）　218
楠本和哉　178
クランドール（Crandall, V. C.）　44
クランボルツ（Krumboltz, J. D.）　116,
　118, 120
クレッチマー（Kretschmer, E.）　94
クロニンジャー（Cloninger, C. R.）　152

ゴールドバーグ（Goldberg, L. R.）　96
コーンハウザー（Kornhauser, W.）　28
小嶋外弘　148, 154, 170
コリー（Colley, R. H.）　176
今野晴貴　88

サ　行

ジェラット（Gelatt, H. B.）　116, 120,
　122
島津明人　228
シャイン（Schein, E. H.）　78, 106
シャクター（Schachter, S.）　200

人名索引

ジャニス（Janis, I. L.） 136

スーパー 116
杉本徹雄 172
スコット（Scott, W. D.） 2
ステイサー（Stasser, G.） 208

セリエ（Selye, H.） 212
セリグマン（Seligman, M. E. P.） 38,
40, 42

タ　行

ターナー（Turner, R. J.） 218
田尾雅夫 28

チェイケン（Chaiken, S.） 130
チャルディーニ（Cialdini, R. B.） 134,
138, 140, 170

テイラー（Taylor, F. W.） 2
テイラー（Taylor, K. M.） 74
デシ（Deci, E. L.） 24, 26, 36
デュセイ（Dusay, J. M.） 98

ドイッチュ（Deutsch, M.） 202
ドゥウェック（Dweck, C. S.） 48, 60
トヴェルスキー（Tversky, A.） 156
ド・シャーム（DeCharms, R.） 44

ナ　行

夏目　誠 218, 220

ニール（Neal, M. A.） 126

ノレム（Norem, J. K.） 42

ハ　行

ハー（Herr, E. L.） 78, 80, 82, 114
バーガー（Burger, J. M.） 138
ハーシー（Hersey, P.） 184
ハーズバーグ（Herzberg, D. S.） 224
ハーズバーグ（Herzberg, F.） 14, 16
ハーロウ（Harlow, H. F.） 10
バーン（Berne, E.） 98
バス（Bass, B. M.） 188
パッカード（Packard, V.） 170
ハックマン（Hackman, J. R.） 30
バトラー（Butler, R. A.） 10
濱　保久 174
バリュー（Berlew, D. E.） 66
バンデューラ（Bandura, A.） 50, 52, 54

フィスク（Fiske, D. W.） 96
フィッシュバイン（Fishbein, M.） 148
フィッツジェラルド（Fitzgerald, J. M.）
110
フェイク（Feick, L. F.） 166
フェスティンガー（Festinger, L.） 136
フォークマン（Folkman, S.） 226
ブライト（Bright, J. E. H.） 118
ブラウナー（Blauner, R.） 28
ブラックウェル（Blackwell, R. D.） 148
フラッチ（Flach, F. F.） 228, 230
フリードマン（Freedman, J. L.） 136
プルイット（Pruitt, D. G.） 130
ブルーナー（Bruner, J. S.） 64
フレーゼ（Frese, M.） 30
フレンチ（French, J. R. P. Jr.） 182

人名索引　　253

ヘア（Haire, M.）　148
ペティ（Petty, R. E.）　132
ペネベイカー（Pennebaker, J. W.）　224
ペロサ（Perosa, L. M.）　114

ホームズ（Holmes, T. H.）　218, 220
ホール（Hall, D. T.）　78
ホール（Hall, S. R.）　172
ホブランド（Hovland, C. I.）　142
ホランド（Holland, J. L.）　102
ホワイト（White, R.）　180
本田由紀　88
本間道子　208

マ　行

マーシア（Marcia, J. E.）　112
マクダニエルズ（McDaniels, C.）　114
マグレガー（McGregor, D.）　6, 8
マクレランド（McClelland, D. C.）　22
マステン（Masten, A. S.）　228
マズロー（Maslow, A. H.）　10, 12, 14, 146
マレー（Murray, E. J.）　8, 20

三隅二不二　182
ミュンスターベルク（Munsterberg, M.）　2

メイヨー（Mayo, E.）　4

ヤ　行

ユング（Jung, C. G.）　94

ヨー（Yoo, C. Y.）　176

ラ　行

ライアン（Ryan, R. M.）　32, 36
ラザルス（Razarus, R. S.）　214, 220

リーヴィット（Leavitt, H. J.）　190
リーガン（Regan, D. T.）　134
リビングストン（Livingston, J. S.）　66

レイ（Rahe, R. H.）　220
レイサム（Latham, G. P.）　56, 58
レヴィン（Lewin, K.）　180
レッパー（Lepper, M. R.）　26

ローゼンタール（Rosenthal, R.）　64
ローネン（Ronen, S.）　104
ロジャーズ（Rogers, E. M.）　164
ロック（Locke, E. A.）　56, 58
ロッター（Rotter, J. B.）　46

ワ　行

ワイス（Weiss, H.）　30
ワイズバンド（Weisband, S. P.）　202
ワイナー（Weiner, B.）　40, 48
ワグニルド（Wagnild, G. M.）　230
和田さゆり　96
渡辺三枝子　80, 82
ワラック（Wallach, M. A.）　204

事 項 索 引

ア　行

アイデンティティ　110
アイデンティティ拡散　112
愛と所属の欲求　12
安全の欲求　12
アンダー・アチーバー　46
アンダーマイニング効果　28

委譲的リーダーシップスタイル　186
位置取り　162
一面的説得法　140
イノベーション理論　164
意欲を刺激すること　188
飲食　136

内的統制　46
内的統制—外的統制　48

影響力の武器　134
衛生要因　16
永続性　40
エゴグラム　98
円型　190

オーバー・アチーバー　46
オピニオンリーダー　164

カ　行

外向型　94
外的統制　34, 46

外発的動機　8
外発的動機づけ　24
外発的動機づけと内発的動機づけの中間地
　　帯　32
回避動機　20
科学的管理法　4
学習目標　60
隠れたプロファイル現象　208
課題解決志向のコーピング　226
活動性動機　10
カリスマ性　188
間隔　176
感性動機　8

希少性　170
期待することの効果　64
規範的影響　204
キャリア　114
キャリア・アンカー　106
キャリアガイダンス　80
キャリアカウンセリング　82
キャリア教育　78
キャリア形成　74
キャリア形成力尺度　76
教示的リーダーシップスタイル　186
強制勢力　184
業績目標　60
興味・価値観検査　102

鎖型　190

事項索引

口コミ　166
クレッチマーの類型論　94

計画された偶発性理論　118
計画的廃物化　170
結果期待　50
原因帰属再教育法　48
現在志向バイアス　154

好奇動機　10
広告　164
広告による態度変化戦略　172
肯定的意味づけ志向のコーピング　226
公的受容　202
行動論的アプローチ　180
購買意思決定モデル　148
購買動機　146
交流型リーダーシップ　190
効力期待　50
コーピング　214, 226
個人度　42
固定的─変動的　48
固定和幻想　128
固定和交渉　128
個別に配慮すること　188
コマ　44
コミュニケーション・ネットワーク
　190

サ　行

サイコグラフィック・セグメンテーション
　160
指し手　44
ザッツ・ノット・オール技法　138

産業・組織心理学　2

自己開示　224
自己決定理論　32
自己効力感　50
自己実現欲求　12
自己責任性　44
市場の細分化　158
市場の達人　166
システマティック処理　130
失敗回避動機　20
私的受容　202
社会的再適応評価尺度　218
社会的勢力　182
車輪型　190
充実した仕事　30
集団維持機能　182
集団極性化　204
集団の成熟度　184
周辺ルート　132
準拠勢力　184
情緒的サポート　222
情動コントロール志向のコーピング
　226
承認と自尊の欲求　12
情報勢力　184
情報的影響　204
職業ガイダンス　80
職業価値　104
職業興味　102
職業興味の六角形モデル　104
職業適性　100
ジョブ・デザイン　28
人格発達の問題　74

事 項 索 引　　　　　257

人事評価　62

人生キャリア　・116

心的会計　156

心理・社会的モラトリアム　110

心理的財布　154

心理的負債感　134

ストレス　212

ストレッサー　212

性格適性検査　100

成功経験法　48

成功追求動機　20

精緻化見込みモデル　132

正当勢力　182, 184

正の枠組み　126

生理的欲求　12

責任の分散　204

セグメンテーション　158

積極的不確実性　122

説得的リーダーシップスタイル　186

潜在記憶　176

専制型　180

専門勢力　184

早期完了　112

操作動機　10

ソーシャルサポート　214, 222

属人思考　196

組織風土　194

損害回避　152

タ　行

多属性態度モデル　148

達成動機　20

知的刺激を与えること　188

中心ルート　132

適性検査　100

デビル審理法　202

ドア・イン・ザ・フェイス技法　138

同一化　34

動機づけ要因　16

道具的サポート　222

統合　34

同調圧力　198

特性論　96

特性論的アプローチ　180

取り入れ　34

ナ　行

内向型　94

内発的動機　8

内発的動機づけ　8, 24, 34

二重プロセス理論　130

日常的混乱　220

認知的評価　214

認知の歪み　222

ネガティヴィティ・バイアス　168

能力適性検査　100

ハ　行

反復　176

比較広告　174
悲観主義　40, 42
ピグマリオン効果　64
ピグマリオン・マネジメント　66
ビッグ・ファイブ　96
非動機づけ　34
ヒューリスティック処理　130

フット・イン・ザ・ドア技法　136
負の枠組み　126
普遍性　40
プロスペクト理論　152

変革型リーダーシップ　186
変動和交渉　128

報酬勢力　184
放任型　180
ポジショニング　162
ポジティブな認知　38

マ　行

マーケティング　146

ミネソタ職務満足度尺度　30
民主型　180

目標設定　68
目標設定理論　56
目標達成機能　182
モラトリアム　110

ヤ　行

ユングの類型論　94

ラ　行

楽観主義　40, 42

リーダーシップ　180
リーダーシップスタイル　184, 186
リスキーシフト　204
両面的説得法　140

類型論　94

レジリエンス　228

ローカス・オブ・コントロール　46
ローボール技法　140

ワ　行

話題性効果　170

英　字

AIDMA モデル　172
DAGMAR　176
ERG 理論　14
HM 理論　148
MODE モデル　150
MSQ　30
M 機能　182
PM 理論　182
P 機能　182
X 理論　6
Y 字型　190
Y 理論　8

著 者 略 歴

榎本　博明
（えのもと　ひろあき）

1979 年　東京大学教育学部教育心理学科卒業
1983 年　東京都立大学大学院心理学専攻博士課程中退
1992 年〜93 年　カリフォルニア大学客員研究員
　　　　　大阪大学大学院助教授，名城大学大学院教授等を経て
現　在　MP 人間科学研究所代表
　　　　　産業能率大学兼任講師　博士（心理学）

主 要 著 書

『「自己」の心理学——自分探しへの誘い』サイエンス社，1998
『〈私〉の心理学的探究——物語としての自己の視点から』有斐閣，1999
『〈ほんとうの自分〉のつくり方——自己物語の心理学』講談社現代新書，2002
『自己心理学 1 〜 6』（シリーズ共監修）金子書房，2008-09
『「上から目線」の構造』日本経済新聞社，2011
『「すみません」の国』日本経済新聞社，2012
『「やりたい仕事」病』日本経済新聞社，2012
『はじめてふれる心理学［第 2 版］』サイエンス社，2013
『「やさしさ」過剰社会』PHP 新書，2016
『自己実現という罠』平凡社新書，2018
『はじめてふれる人間関係の心理学』サイエンス社，2018

ライブラリ　心の世界を学ぶ─7

はじめてふれる産業・組織心理学

2019 年 2 月 25 日　ⓒ　　　　　初　版　発　行

著　者　榎　本　博　明　　　　発行者　森　平　敏　孝
　　　　　　　　　　　　　　　印刷者　馬　場　信　幸
　　　　　　　　　　　　　　　製本者　米　良　孝　司

発行所　**株式会社　サイエンス社**

〒151-0051　東京都渋谷区千駄ヶ谷 1 丁目 3 番 25 号
営業 ☎(03)5474-8500(代)　　　振替 00170-7-2387
編集 ☎(03)5474-8700(代)
FAX ☎(03)5474-8900

印刷　三美印刷　　　　　　製本　ブックアート

≪検印省略≫

本書の内容を無断で複写複製することは，著作者および
出版者の権利を侵害することがありますので，その場合
にはあらかじめ小社あて許諾をお求めください。

サイエンス社のホームページのご案内
http://www.saiensu.co.jp
ご意見・ご要望は
jinbun@saiensu.co.jp まで.

ISBN978-4-7819-1442-8

PRINTED IN JAPAN

セレクション社会心理学10

依頼と説得の心理学

人は他者にどう影響を与えるか

今井芳昭 著

四六判・296 ページ・本体 1,500 円（税抜き）

本書は，人に働きかける・働きかけられるという「対
人的影響」について社会心理学の観点より論じます.
対人的影響の種類について概説した上で，社会的手抜
きや依頼・要請をはじめとする具体的現象を様々な実
験・調査とともにわかりやすく紹介していきます. ま
た説得にはより多くのページを割いて詳しく解説しま
す.

【主要目次】

1 対人的影響——他者に影響を与える
2 意図的でない対人的影響
3 依頼・要請
4 説得と態度
5 説得の規定因——受け手の応諾を引き出す要因
6 説得のモデルと理論

サイエンス社

はじめてふれる
心　理　学
［第２版］

榎本博明　著

A5判・280 ページ・本体 1,850 円（税抜き）

本書は，はじめてふれる方にわかりやすいと好評の，心理学入門書の改訂版です．心理学の知識を読者自身が自分や周りの他人と関連づけて理解できるよう，できるだけ身近な話題を選んで解説しています．改訂に際しては，心理学の生き生きとした魅力を伝えられるよう，初版刊行以降の新しい研究成果を盛り込みました．図版・イラストをふんだんに用いて完全見開き形式とし，視覚的にも理解しやすいよう工夫を凝らしています．２色刷．

【主要目次】
1章　知　　　覚
2章　学　　　習
3章　記　　　憶
4章　発　　　達
5章　青　　　年
6章　性　　　格
7章　自　　　己
8章　家　　　族
9章　心の病理と健康
10章　社　　　会

サイエンス社

はじめてふれる
人間関係の心理学

榎本博明 著
A5判・256ページ・本体 2,300 円（税抜き）

ますます複雑化していく現代社会においては，人間関係を円滑に運ぶことが求められている一方で，それがうまくいかずに悩んでいる人も少なくないのではないでしょうか．本書は，そのような誰もが避けては通れない人間関係について，これまでに得られた心理学的知見を，身近な例を用いてさまざまな面から考察します．はじめてまなぼうとする方，人間関係の問題を改善したい方におすすめの一冊です．見開き形式・2 色刷．

【主要目次】
第 1 章　印象形成と対人認知
第 2 章　対人魅力
第 3 章　言語的コミュニケーションと非言語的コミュニケーション
第 4 章　向社会的行動と攻撃行動
第 5 章　性格と人間関係
第 6 章　自己概念と人間関係
第 7 章　日本的自己と人間関係
第 8 章　友人関係・恋愛関係
第 9 章　家族関係
第10章　態度変容と説得的コミュニケーション
第11章　リーダーシップ
第12章　集団心理と同調行動

サイエンス社